文化とは何か、どこにあるのか

対立と共生をめぐる心理学

山本登志哉
Toshiya Yamamoto

新曜社

はじめに

この本はひととひとが対立し、助け合い、遠ざけ合い、求めあい、憎しみ合い、愛し合い、そうやって生きていく中に文化が生み出されていく姿を、心理学的に探る試みのひとつとして書かれました。生活の中で、世の中の動きを見て、得体のしれない他者とのかかわりに戸惑い、あるいはどこか心ひかれ、実践的なことから理論的な問題まで、文化について関心を抱いている様々な方に読んでいただくことができればと願っています。

文化が発生するのは個人の中ではありません。自分と他者のかかわりの中に生成します。でも二者の間にではありません。二者の関係を見つめる第三の視点を組み込んで生み出されるもの、それが文化だ、というのが本書の基本的な視点です。

私とあなたと第三者の眼差しを含みこんだ世界の現れ方、そしてそのように世界を立ち上げながら生きる人の生き方、それは本書では「拡張された媒介構造（ＥＭＳ）」という概念で表され、文化の現れを語る道具となりました。人はひとりでは生きて行けず、つねに対立を抱えながらも共生していかざるを得ない。「共に生きる形」としての文化のそんな姿に、少しでも近づいていければと願っています。

本書での著述は、できるだけ私や読者のみなさんが個人的に体験できること、あるいは「私の見えの世界」を手掛かりとして用い、そこからあまり離れることなく少しずつ問題を深めて考えられるように工夫をしました。そしてできる限り読者と共に問題を考える対話的過程が生み出されるように心がけました。世界について共に考えるその過程自体がひとつの文化的実践であり、この本はそのためのツールの一つであると考えています。

もしこの本を読んで、文化に対する見方が少しでもふくらみと柔らかさを増すことがあれば、それが私には最高の喜びです。

寡筆な私の最初の単著となる本書を、私のかけがえのない家族に捧げます。

2015年7月14日

山本登志哉

目次

カバー・本文中手描きイラスト＝山本つむぎ

序章　文化とは何か

0-1　文化――対立と共生を生むもの

文化という言葉がいろんなところで大事なキーワードになっているように思えます。世界を見れば、東西冷戦といったイデオロギーの対立の時代が終わったと言われ、その後には民族や宗教といった文化的なものを単位にした対立の時代がやってきました。それは私たちの住む東アジア地域では、民族意識を強化しながら進行する国家間の対立という形で進んでいます。また世界規模では9・11に象徴されるように、国境を超えたネットワーク的軍事力が生み出す対立という形で進行していて、その対立を生み出す核として宗教意識が使われています。

他方で文化は、人々の間につながりを生み出す「ツール」としても働いています。民族意識も宗教意識も、「同じ民族」「同じ宗教」に生きる人たちをつなぐ働きを持っているわけですし、さらにはそういう部分的なつながりではない、「人類」を単位にしたつながりの模索も繰り返されています。たとえば世界遺産というものがしばしば話題に上がるようになりましたが、これは国境を超えて価値のあるものを世界で共有しようとする、新しい共通文化創造の試みとも考えられます。民主主義や人権といった政治文化的な意識の拡がりも同様です。エコロジーの思想をそこに加えることもできるでしょう。文化的な要素を取り込みながら、共生の関係がそこでは模索されていきます。

ネット社会の出現は、そのような現代的な対立と共生の世界を急速に推し進めたように見えます。それは国や国のブロックを単位にした、旧来の人のまとまりを急速に崩し始め、その枠に収まらない要素が世界を動かしてきています。ビットコインの急速な発達に象徴されるように経済活動の領域でも、いわゆるテロの問題に象徴されるように軍事面でも、また地球温暖化に象徴されるような環境問題の面でも、国境が最初からスルーされてしまうようなつながりや対立が、どんどん私たちの暮らしを根底から変えていっています。

そのような新しい事態の出現に、改めて国やその連合というまとまりを強化し直すことで対処しようとする動きと、国境線と無関係につながりを生み出そうとする動きと、その両方の模索が同時に続いています。そこでは対立関係の深化と新たなつながりの模索という二つの要素が常に絡まりあって事態が展開しています。つながりは国境線のような境界線が明確な集団という形で模索される場合も、それが全く不明確なネットワークとして模索される場合もあります。対立も、明確な境界を持つ集団を単位に作られる場合も、個人を単位に作られる境目の不明確なネットワークが生み出す場合もあります。

社会主義的計画経済システムと、資本主義的市場経済システムの闘いが後者の勝利に終わり、世界の大部分が資本主義的市場経済システムを共通の基盤としつつありますが、ただそれに対する公的な権力の関わり方に個性が目立つ時代になりました。その結果、対立と共生をめぐる世界規模の争いは、政治経済システムというハードの面の争いの性格が相対的に弱まり、今度はハードの面を共有した者同士の「文化」というソフト面の争いが前面に出てきたように思うのです。軍事対立やテロリズムの問題などがその背景に経済的な矛盾、利害対立を抱えていることは明らかですが、そこに至るプロセスの中で、「文化」についての意識が非常に重要な意味を持っています。経済的対立が文化的な対立の様相を伴うことで軍事対立につながる。そういう展開が改めて明確になりつつあるのではないでしょうか。

逆に言えば、そのような経済的対立を軍事対立につなげず、異質な者同士の相互依存と共生につなげるような「文化的な工夫」もまた、その重要性を増しているという見方もできそうに思います。

0-2　心――普遍から具体へ

話を心理学のほうに移します。

ヨーロッパで生まれた現代の心理学は、物理学を中心とする自然科学の成功を模倣する形で近代になって哲学から別れました。

その時代的な背景であった近代は、人類すべてを包括できるものと想定された共通の基準を設定する「普遍主義」の流れを作ってきたように見えます。思想の面では個々人の差異を超えてすべての人に認められる人権概念、政治の面ではすべての人が権力の源泉として平等な地位を与えられる主権者概念、法の面ではすべての人を同等な権利主体と見なす人格概念、経済の面では文化を超えて同一視される経済人概念などに、それがよく現われているように思います。

実際新たに誕生した心理学もまた、普遍的な知のシステムとして作られてきた自然科学に範をとり、人類すべてに通用する「普遍的な人間像」を人々に提供する試みとなりました。その普遍性は、人という生物に留まりません。動物の進化という、さらに大きな普遍性に人間の心を位置づけて理解する枠組みも常識化して現在に至ります。

もちろん普遍だけで人を理解し語ることは不可能です。私たちはそれぞれに個性を持って生きていますし、それは他の誰でもない、他者とは取り換えのきかないこの私が私として生きることでもあります。心理学でも個性の問題は取り上げられてきました。さまざまな心理学的テストが生み出され、それぞれの人が持っている心理的な特徴（個性）を測る道具になっています。文化は生物種としてのヒトの普遍性と、個人としての人の個別性の間にある現象ですが、文化差の問題も集団的に共有された個性の問題となります。

心理学は普遍的な人間像を求めて個性を否定したわけではありません。ただし個性を普遍的な人間像をもとに、その二次的なヴァリエーションとして説明しようとしてきました。かつては基礎心理学と応用心理学という区分けがよくなされましたが、普遍的で標準的な人間像を明らかにする基礎心理学こそが心理学の王道であり、個性の差や年齢の差、あるいは「老い」や「病理」や「障がい」、「犯罪」といった問題を追究することは、そこからの「外れ方」やその原因を明らかにするための「応用問題」といった位置づけでした。普遍が主で、個別具体は従だったのです。

文化差もそのひとつになります。普遍的で一般的な心理システムを共有した人間が、文化という環境的な要因を与えられることで「文化化」され、多様なヴァリエーションを育てていくという発想がそこにあります。比較文化心理学的な研究はそのような発想の中で、文化の違いやその違いを生む要因を明らかにしていくというスタンスをとることになります。一世を風靡し、今も強い影響力を持つ集団主義と個人主義の議論なども、「集団 vs 個人」という一元的な物差しを作って世界中の文化差を測定し、説明しようとする、普遍主義的な心理学的文化研究の典型です。この場合はその物差しが普遍的ツールと見なされ、文化はその物差し上のヴァリエーションになるのです。

そのような「生物学的普遍主義」とでも言えるような発想に原理的なところで批判を加えたのは、旧ソ連の心理学者ヴィゴツキーでした。この流れは興味深いことに、旧ソ連が敗北していく過程でアメリカに移入され、ソ連解体後にかえって大きな展開をして、それまでの比較文化心理学に対する「文化心理学」とか「社会文化心理学」あるいは「文化・歴史的活動理論」といった新しい心理学の流れを作っていきます。

旧来の心理学とこの心理学の大事な違いは、何を心の普遍性と考えるかです。前者は文化にかかわらず共通する普遍を問題にし、上記のように「生物学的な普遍性を持った個人の内的な心が、外的な要因によって文化化される」という発想で文化をとらえます。これに対して後者では、「個人の心というものはそれ自体が個別的で具体的な文化としてしか成立し得ない」と考えます。この議論では心が文化である、ということが、人間の精神の「普遍的な性格」とされます。その意味で、個別具体的であることが主になるのです。

この流れが今や比較文化心理学にも大きな影響を及ぼすようになり、たとえば集団主義と個人主義の議論の最新版という趣を持つ、文化的自己観の概念でアメリカの比較文化心理学をリードする研究者の一人である北山忍さんたちも、ヴィゴツキーの流れを取り込んだ彼らの「文化心理学」を展開しようとしています（北山 1997）。

文化の領域に限らず、心というものを、個人の内側の独立したシステムのように考えない発想も、心理学では次々に展開をしました。私も関わっている供述分析の領域で言えば、記憶という現象もそのような発想でとらえるべきもののひとつです。記憶は外界の情報をコード変換して脳内にストックし、必要に応じて取り出すといった、個人内部で基本的に説明可能な単純なシステムではないことは明らかなのです。

記憶は「語り」を通して人と共有されるに至り、「記憶」として認められます。ところがこの記憶に関する語り、想起は他者との語りの場の性格によって方向づけられ、その場で「生み出される」ものなのです。場の性格が変われば、そこで生み出される記憶の内容も時に劇的と言えるほど大きく変わってしまいます。「自白」や「目撃証言」によって生み出される冤罪も、そのような「生み出された物語」（山本 2003）としての記憶の産物です。

想起だけではありません。そもそも情報を記憶として取り込む段階でも、またそれを理解して保持しておく段階でも、私たちは私たちにわかりやすい形に情報を処理して扱います。特に人が絡む出来事では、その出来事を一種の物語のように理解できることでわかりやすさが増します。わかりやすいからその物語が事実をうまく反映しているとは限りません。実際はむしろ逆で、私たちの研究からもいくらでもその例を挙げられますが、わかりやすさを生み出すために、いろいろな事実が無視されたり否定されたり、あるいはなかった事実が付け加わることは頻繁に、ごく普通に生じる出来事です。

出来事の記憶がそのような物語的な構造化の影響を受けないことは困難です。そしてそのような個々人の生み出す物語は、外的な人間関係の構造と無関係には成立しません。ということは、ヴィゴツキーなら「ドラマ」という表現を用いるかもしれませんし（ヴィゴツキー 2008；田島 印刷中）、バートレットの記憶研究でも取り上げられますが（Bartlett, F.C. 1932/1983）、その人間関係の構造、あるいはそれをガイドする物語それ自体が文化的なものであるとすれば、現実に存在する具体的な記憶現象は、単なる生物学的・生理学的な普遍性によっては理解できず、その文化性を考慮しなければ扱いきれないものになるわけです。

状況的認知という考え方もそうですが、個人内部の自立的な現象と思われていたことが、外部との関係の中でしか理解できないことが明らかになりました。それと同質の問題が、心理学のいろいろな領域で起こってきています。人の心は環境との関係で成立し、そしてその環境として人間関係はきわめて大きな意味を持つのであって、心の具体的なあり方は、そのような具体的な人間関係から離れた、抽象的な普遍的システムとは見なしがたいことになります。

文化という現象は、単に応用心理学の一領域に関わるローカルな問題ではなく、「心の普遍主義」を相対化する大事な論点として、近代の心理学の原理を揺るがす問題となって、今立ち現われてきていると私には思えます。

0-3　文化って何？

さて本書の役割です。

ここまでに少し考えてみたように、文化という問題が、現在いろいろな面でとても大きな意味を持つ巨大なテーマであることはたぶん間違いないと思うのですが、もちろん本書でそういう大きな問題全体を直接に扱おうというわけではありませんし、そんな力が私個人にあるわけもありません。

私がここで扱いたい問題は、もっと素朴なこと、つまり「文化って何？」という問題です。

修士論文の研究以来、私は人間の所有という現象について、発達心理学的な視点から研究してきました。そして1歳から3歳にかけて、その後の人間的所有を基礎づけるような大きな転換が起こることを見出してきました。それは日本の、京都という一地方の、小さな保育施設で見出されたことでした。

でも人間の所有というのは、時代によって、社会によって、ほんとうにさまざまな形で現われます。文化ということを抜きに、「人にとって普遍的な所有の発達」ということを考えることはできません。ある時期の京都で見出されたことが、他で見出されるとは限らないのです。

ところが、いざ文化という問題を取り込んで研究をしようとしても、いったいそれが何なのかがちっともわかりません。子どもの行動のどこに「文化」というものがあるのか、大人の関わりのどこに「文化」というものがあるのか、目を凝らして子どもを見つめても全然見えません。文化を何か外的な環境要因として取り出そうとしても、皆目見当がつかないのです。

心理学的な文化比較の研究や、人類学の議論などを見てみると、文化についてのさまざまな議論があります。文化によって人がいかに異なった生き方をしているかが見えてきます。「人は文化に影響されて生きている」ということは否定できないように見えます。

にもかかわらず、ではその「人に影響する」文化っていったい何なんだろう、と考えると、とたんに訳がわからなくなるわけです。文化が人に影響するとすれば、それは人の外側にあるのでしょうか。それはどこにあって、どのようなメカニズムで人に影響するというのでしょうか。文化の主体は個人でしょうか、集団でしょうか。それは精神的なものでしょうか、物質的なものでしょうか。主観的なものでしょうか、客観的なものでしょうか。実体でしょうか、虚構でしょうか。文化が個人の外にあるのだとして、それによって人が作られるのだとすれば、ではなぜ文化は変化するのでしょうか。

いろいろな疑問が思い浮かびます。文化についていろいろある見方の中で、自分はこの立場で、という表明に基づく研究はもちろんあるのですが、その他の立場とのつながりがなかなか見えません。文化としての心を言う文化心理学は、旧来の実験心理学的な心の概念の枠組みを出ない比較文化心理学に異を唱え、それはそれとして正当な議論と思えるのですが、しかし、では比較文化心理学が追究する「集団間の差」の問題に迫れる理論的しかけがあるかというと、これもなかなか見えてきにくいのです[1]。そういう心理学的文化研究の壁を、「そもそも文化とは何か」という問いが十分深められていない現状が象徴しているように私には思えるのです。

それはそうだよ、文化はもともと「物」ではなくて、あるシステムなんだから、直接目に見えるような形で「ほらこれだ」と指示されるような対象として指し示せないのは当たり前だ、と言われるかもしれません。ではそのシステムはどこにあるのでしょうか？　そのシステムの主体はどこにあって、そのシステムを他のシステムと区別する基準は何なのでしょうか？　あるいは心理学お得意の言い方からすれば、それは「構成概念」にすぎないのだから、そこにもののような実体性を求めること自体ナンセンスだ、と言われるかもしれません。では、その「構成概念としての文化」はどこにあるのでしょう？　いやいやそういうあるとかないとかいう話ではなくって……

といった文化の存在論に関わる議論は、深入りすれば切りがありません。もちろん文化を固定的な実体性を持たない抽象的なシステムといった形で考えることも、ひとつの視点の置き方としては不可能ではないはずですが、そうすると文化集団というものが強烈な「実体」のように現実に扱われ、私たちの生活実践に大きな影響力を持つことがあるという「事実」をうまく処理できなくなります。それではあまりに一面的な議論でしょう。

考えてみれば、そういう議論でつまずいてしまうこと自体も不思議なことです。理論的な研究ならばいざ知らず、たとえば生物学者が「ウサギ」を実証的に研究したいという時、どの動物がウサギなのかを区別できずにそれを研究するということがあるでしょうか。一応ウサギという動物の範囲は特定されるという前提で、そのウサギの性質の研究が進んでいくはずです。新種が発見されるような場合は、その個体がはたしてウサギ科に属するものと考えてよいかどうかは問題になりますし、その際改めて「ウサギとは何か」を確定する必要も出てきます。けれども、仮に研究のある時点では境界が不明確になることはあっても、いずれその進展で基準が明確化していくという予想を、さほど無理なく共有できるのがその世界でしょう。種の概念そのものについては議論はあり得ても、種の区別は客観的に存在する基準で明らかになり得ると、基本的には考えられているのです。

ところが心理学の実証的な文化研究は、出発点にあるその一番基本的なところでつまずいてしまいます。そして理論的にも、いつまでたってもそこはあいまいなままです。

たとえば、日本文化というものは存在するでしょうか。比較文化心理学的研究は、「ある」という前提で調査を行い、それを外的な要因のようにして議論を組み立てていきます。そういうスタンスは「文化本質主義」というような言葉で批判的に表現されたりもします。実際、具体的に調査をしてみればすぐに気づくように、何が日本文化なのかということを精密に確定しようとすればするほど、泥沼に入り込み、抜け出られなくなります。

一方のヴィゴツキーの流れを汲む文化心理学は、社会文化的なものとして心の一般的な仕組みを論じますし、ピアジェ風に「生物学的な普遍性」を仮定されたさまざまな認知の働き方が、実は歴史的・社会的にとても多様なもので、変化のうちにあるということを明らかにすることも重視します。けれども、ではそこで見出される「文化」というのはそもそも何か、ということについての議論が明確とはやはり言いがたく思います。

あえて言えば「文化＝心」となるかもしれませんが、そう言うだけでは、今度は問題が「心って何？」「それはどこにある？」という問いに置き換わるだけになります。もしここで「その人の体の中（あるいは脳）」と答えたとすれば、今度は文化や歴史は個人に還元できない、という話との接続がむずかしくなります。

さらにもともと文化というのは「文化差」を持って成り立つわけですし、ヴィゴツキーが精神の本質的な歴史性を言うのも、ある精神のあり方が、別の時代のそれと異なる性格を持つからです。けれども「文化＝心」という言い方のみではそのような差異を持つ具体性を表現できませんし、そのような差異が生み出される仕組みも理解できないままです。

そして差異の問題を理論の中に組み込めなければ、私たちが経験する具体的な文化の問題には迫りきれません。文化自体がどのように生み出され、変化し、さまざまな対立や共生関係を生み出すのか、人の対立や共生関係がどうして文化という問題に絡んで進行するのか、その問題に迫ることが困難なのです。ここでも「そもそも文化とは何か」という問いについては十分に検討されずに、「文化の違いはある」ということが暗黙の前提になってしまっています。

0-4　つながり方としての文化――生活者の「見え」から考える

本書がこだわって考えてみたいのは、その一番根本の問題です。

とはいえ文化の定義については議論百出で、おさまりがつかないというのは文化を解説する本が初めに入れるお断りの定番のような印象さえあります。そういう文化の定義に関するさまざまな議論をここで再検討し、整理してそこからより包括的な新たな定義を導き出したいわけではありません。そうではなくて、もっともっと素朴に、「私たちは何を文化と感じるか」というところに立ち戻って話を始めてみたいのです。「文化の現われ」から考える、と言ってもいいでしょう。

いったいどのような時に私たちは文化というものの存在を感じ、どのように文化についての理解を深めていくのでしょうか。私たちが文化的に生きるということは、そこで具体的にはどんなことを言うのでしょうか。文化はどのようにして人と人とをつなぎ、あるいは対立させるのでしょうか。

私は心理学的な視点からものを考えますので、個を超えたシステムの視点から、個を捨象する形で考えるというスタンスはとりません。まずは「個の見え」の視点からこの問題を考えていきたいと思います。ただしその「個」は、他者との関係の中で生み出される、生活者としての個ではあるのですが。

そしてその先に、「文化とは何か」ということが改めて見えてくると思います。そうすることで、そういう性質を持つ文化を研究するとはどういう行為なのかについて、これまでの文化研究に関する議論とはちょっと違った視点からの議論が可能になると思うのです。さらに少し先走って言えば、実は文化の見えから問題を考え直してみる、という本書のこの素朴なやり方は、文化の存在性格からいって、もっとも自然な方法だとも私たちは考えています。

私たちが素朴に体験する文化現象を、段階を追ってもう一度見直してみながら、これまでの文化に関わる心理学がうまく見つめられなかったポイントに改めて光を当て、これまでと少し違った視点から文化理解と文化理解実践をもう一度組み換える可能性を探ってみること、それが本書の前半の課題です。

後半では、私たちが対話的な国際文化比較共同研究や対話的な異文化理解授業実践、ディスコミュニケーション分析、発達心理学や供述心理学などの領域で人に特徴的なコミュニケーションの基礎単位として作り上げてきた「拡張された媒介構造（ＥＭＳ）」の概念でこの問題を説明し直し、その視点から対話実践的な文化研究の形を探る作業を試みます。

むずかしい問題に直面した時、大事なことは基本に立ち返ること、足元を見つめ直すことでしょう。「文化文化と言われるけど、そもそも文化って何なの？」という、まるで子どものような素朴な問いも、そんな問いのひとつだろうと思います。王様の耳はロバの耳。近代の終焉に立ち会いながら、特に人間に関わる議論については、今はこれまで不問に付されてきた基本的な概念がどうしても気になります。そのことを行うには、すでに高度に専門化され、特殊化された概念を使った複雑な、そして知らず知らずに近代の枠組みに縛られた議論ではなく、むしろ私たちの素朴な見えの世界からもう一度じっくり問題を考え直してみることの方が、長い目で見れば有効ではないかとも思えるのです。

文化は、科学の専門家の、神様のように公平で絶対的な客観的視点から扱うことは原理的に不可能なのだ、私たち研究者はある意味で自分の文化を生きる素人として文化の問題に向き合うことからしか出発できないのだ、というのが、私たちの研究上の基本的なスタンスです。ここでもそんな素朴な試みをしながら、皆さんと一緒にこの問題を改めて柔軟に考え直してみる手掛かりを何か得られたらと思います。

第Ⅰ部　文化の立ち現れ方

第1章　文化はどう現われる？

1-1　文化の主観性

あるもの、ある人、あること、ある振る舞い、ある出来事、ある感じ方、ある考え方、あるスタイル、ある仕組み、ある対象、ある現象が「文化的」なものと見えるのはどんな時でしょうか。

下の写真を見てください（図1-1）。これは何でしょうか？そしてそれははたして文化と言えるでしょうか。

単なるひとつの石ですから、これを文化的なものと感じるのはむずかしいだろうと思います。

では次頁の写真はどうでしょうか（図1-2）。

図1-1　石の写真
http://www.yunphoto.net/jp/photobase/yp5722.html

今度は先ほどの石は枯山水の庭に置かれたものとして、文化やその構成要素に見えてきたと思います。つまり物としては同一の「石」が、背景に庭が置かれることで単なる自然石から「文化」になったことになります。

ここから言えることは、「文化」という成分は、物理的な対象そのものの中には入っていないということ、そしてたとえ自然のものでも、ある背景となる「文脈」によって、文化として現われるのだ、ということです。**文化は対象が置かれた「文脈」と共に現われる**こと、このことをここで確認しておきましょう。

ですから次頁の写真（図1-3）に写った山は、明らかに自然のものであるにもかかわらず、「自然遺産」ではなく、「世界文化遺産」と呼ばれたとしても、何の不思議もないことになります。それは古くから信仰の対象であったり、芸術活動の重要な対象であったり、あるいは日本のシンボルであったりという、特別の文脈の中に置かれてきたからです。

図1-2　庭の写真

Photo by (c) Tomo.Yun. http://www.yunphoto.net

図 1-3　富士山の写真
http://www.ashinari.com/2009/03/10-015102.php

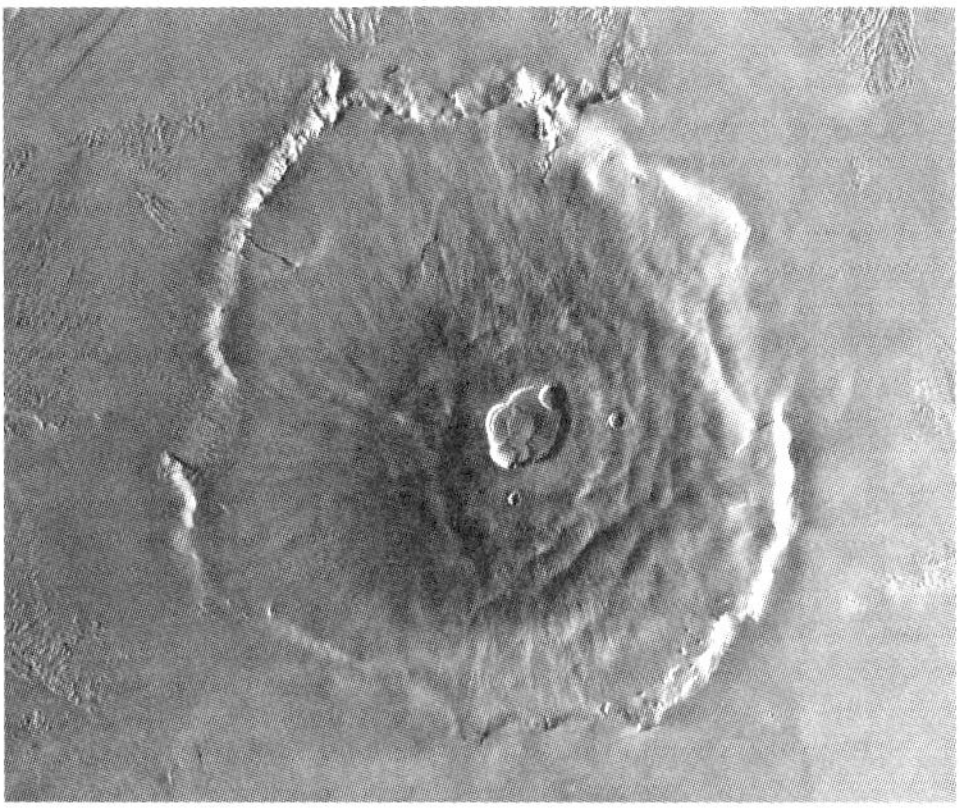

図 1-4　火星の山
NASA - http://nssdc.gsfc.nasa.gov/photo_gallery/photogallery-mars.html#features

そうすると、その下の写真（図1-4）が、同じ自然の山であるにもかかわらず「文化遺産」としては扱われにくいことの理由もわかります。それはまだ誰も人が行ったことのない、火星の山だからです。もしかすれば、それに対して人の関わりが積み重なっていけば、やがてそこに文化の文脈が生まれるかもしれませんが、今のところはまだその段階ではないでしょう。

自然のものもその背景にある文脈があると文化として現われるということがわかったところで、ではそれが何の文化なのか、ということを次に考えてみましょう。もう一度庭石に戻ってみます。改めてこの石は何の文化でしょうか。まずこんな写真とセットにしてお考えください（図1-5）。

何の文化か、いくつかの可能性がありそうですが、中国の万里の長城と比べてみれば、「日本文化」という見え方もあります。では次はどうでしょうか（図1-6）。

イスラーム教のモスクの写真を傍らに置いてみると、今度は「仏教の文化」という見え方が出てこないでしょうか。

とりあえずもう一つだけ。

奈良の東大寺の写真に並ぶと、今度は室町時代の文化とか、京都の文化とか、そんな見え方が出てきそうです（図1-7）。

こういうお遊びはいくらでも続けられます。そして並べる写真によって「北山文化」「東洋の文化」「禅宗文化」など、いろいろな文化がそのつど立ち現われてくるでしょう。つまり文化は比較する対象という文脈との関係で、多様な形で現われることがわかります。物としては全く同じひとつの対象であるのに、です。

図 1-5　庭と万里の長城

万里の長城：撮影山本

図 1-6　庭とモスク

モスク：http://global.britannica.com/EBchecked/topic/48598/Badshahi-Mosquee

図 1-7　庭と東大寺

東大寺：http://xn--sdkzbwcz77qkh2b.jp/sozai/jpg/crw_5094_jfr.jpg

ではいったい、それらのうちどの文化が正しいのでしょうか。この庭は「ほんとうは」何文化なのでしょうか。

もちろん「唯一の正解」はありません。それどころか、「より適切な解答」も決められません。そこに決定的な優劣はないのです。ただ比べる対象によって、いろんなものになり得ます。しかも何と比較するか、その比較の文脈は個々人が全く自由に、恣意的に選べるのですから、そこにどんな文化が見出されるかは対象が決めるのではなく、主観の側が恣意的に決めることです。

主観の側が恣意的に選択した文脈によって現われるという意味で、**文化は主観がその働きによって生み出す主観的な対象である**と言えるでしょう。このことも、文化という現象を考える時に、重要な一つの側面になります。

1-2　文化の客観性

ではそうだとすれば、文化は主観によってどうとでも作り上げられるような、その意味で恣意的で主観的なものでしょうか。同じ庭石を巡る図1-8の会話をご覧ください。

これははたしてA君の言うように和人（シャモ）の文化なのでしょうか、それともB君の言うようにアイヌの文化なのでしょうか。そう問われたら、やはり和人の文化と答えたくなるでしょう。和人の文化と言って完全にぴったりくるかどうかは微妙ですが、少なくともアイヌの文化とは思えません。相対的には、明らかに和人の文化と答えるべきです。

次のC君とD君の会話のように、ヒンドゥーの精神文化か仏教の精神文化かと問われれば、これもまた答えは一つに絞られるはずです。はたしてその答えにまともな異論があり得るかと考えてみても、ちょっとそういう事態は想像しにくい気がします。

G君とF君の室町文化か天平文化かという問いも同じでしょう。これなど、社会科の試験問題にも出そうな話になります。一応「正解」が決められるような、そんな問題なのです。

つまり文化の現われは、選択される比較の文脈によって多様であり、その意味で恣意的で主観的なものである、と言っても、それは個人が個人の主観でどうとでも勝手に決められるようなものとは違う、ということがここで確認できます。

どの範囲の人と、どの程度のレベルで一致できるかは、取り上げる現象または対象によっていろいろありそうですが、しかし少なくとも比較の文

図 1-8　庭石を巡る会話

脈が定まれば、その文脈の内部では何がより適切な文化なのか、あるいは正しい文化なのかということを議論することが可能になるし、そして一定の合意に達する可能性も感じられるようになります。文化というのは、そういう立ち現われ方をする現象であることがわかります。

文化は主観の関わり方によって現われ方が変わるという意味で、主観的な現象です。しかしいったんその主観の関わり方の文脈が限定されれば、それは個人の恣意的な主観を超えて、私という主観の外部で他者の主観によってもその認識が共有され得るわけです。ですから他者の主観からも確認可能なものという意味で、文化は客観的な現象だとも言えることになります。

もう一歩話を進めておくと、その際の主観の共有、一致というのは、そこにいる私とあなたという二人の主観の間での偶然の一致とは考えられていません。それは第三の人が来たとしても、やはり同じように意見の一致を見るだろうと考えられているものです。その客観性は二者間の間主観的な関係で決まるのではありません。より一般化した第三者の主観を取り込んで、安定して合意できるものとして考えられたものなのです。

もちろんその第三者を含む合意は、単なる予想とか期待にすぎないとも言えます。現実にその合意が実現されるかどうかは、言ってみれば常に確率の問題で保証の限りではありません。第三の人物は全く異なる意見を述べるかもしれません。今合意したからと言って、将来も安定してそうだとも言えません。

でも、ここで大事なことは、きっと任意の第三者にもその見方は共有可能なはずだという思いの中で、二者間の合意が成り立っていることです。そのような主観の枠組みの中で対象が安定して見えてきた時、文化は「誰が見てもそのように見えるだろう」と思えるような、客観的な現象のように見えてきます。

そのような主観のあり方を、ここでは共同主観的なものとして表現しておきたいと思いますが、文脈が固定すれば、誰が見ても同じ結論を共有できるはずという枠組みの中に文化が現われるという意味で、**文化の客観性は共同主観的な形で成り立っているもの**と言えることになります。

これが文化という現象を考える際に、重要なもうひとつの側面として押さえておきたいことになります。この関係を簡単に図式化しておきましょう（図1-9）。

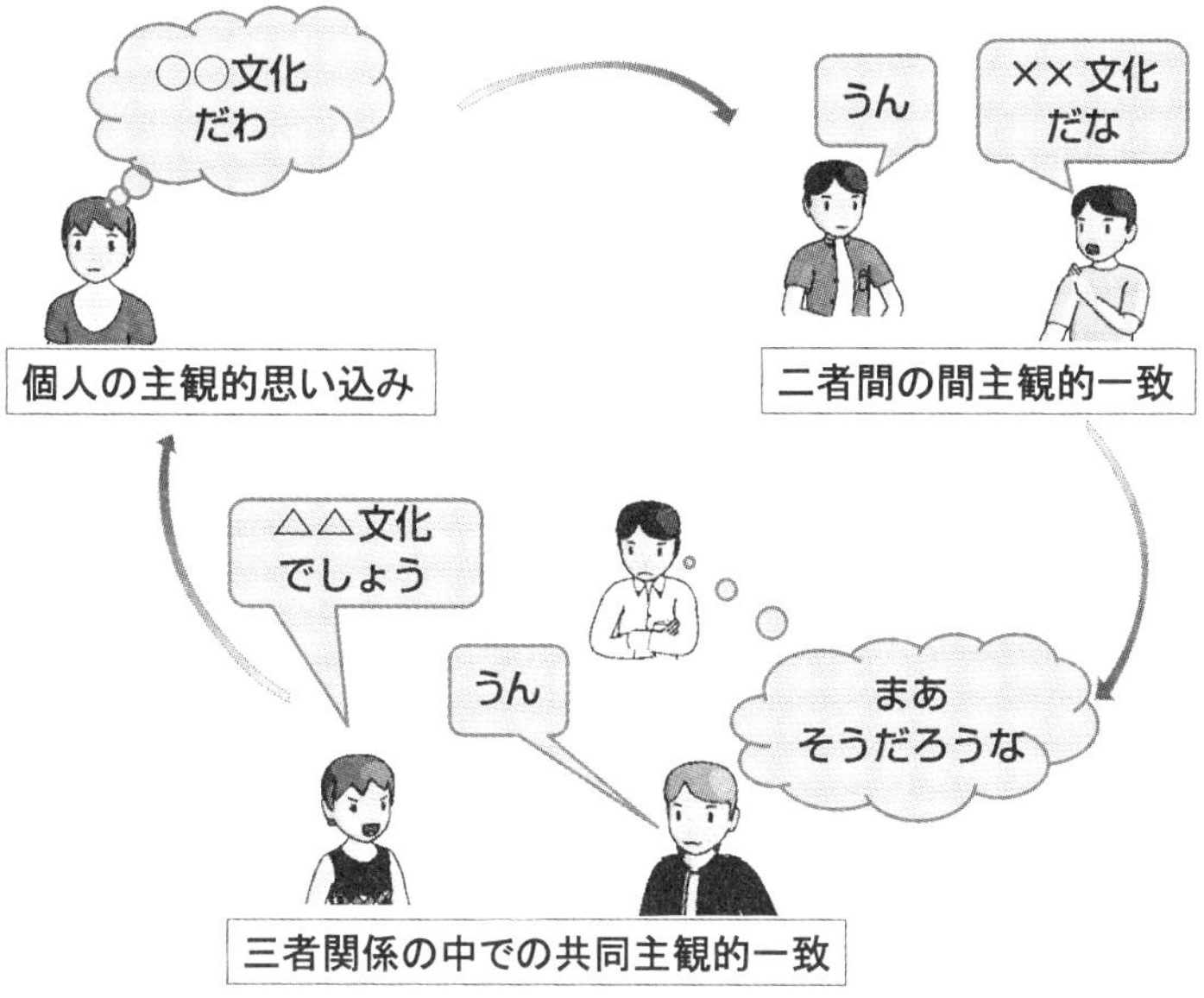

図1-9　主観の「客観性」

1-3　まとめ――主観的客観の世界

まとめます。

文化は対象それ自体の中に物理的な性質のように存在しているものではありません。それは主観の作用によってそこに現われるものです。そして比較の文脈が異なるとその現われ方がどんどん変わってしまうものであり、さらにその文脈の設定は主観の恣意的な選択によるものですから、その意味で文化は恣意的な主観的対象として現われます。

ただしもし特定の文脈が設定され、他者と共有されれば、その対象がどのような文化として現われるかということについては個人が恣意的に決めることができなくなります。そこには個人の主観を超えて他者の主観からも確認されるような客観性を持った文化が立ち現われてきます。しかもその客観性は、私とあなたの二者の間でたまたま偶然に成り立つものではなく、一般的にその文脈を共有できれば誰でもが同じ判断になるだろうという想定のもとで成り立つ客観性です。

このような意味で、文化は主観として現われ、そして同時に客観としても現われることになります。

第2章　文化が現われる文脈

2-1　意図と文化

第1章では、文化というものがある文脈に依存して立ち現われるものであることを見てみました。ではそこで言う文脈とは、いったい何なのでしょうか。私たちはどういう文脈が設定された時に、その対象を文化として見るのでしょうか。

下の写真を見てください（図2-1）。これを見て、文化と感じられるでしょうか。

ただの土の写真です。これを文化と見るのはかなり無理がありそうです。

図2-1　土の写真
http://sore.hontonano.jp/images/stories/texture/sand02-b.jpg

では図2－2の写真はどうでしょうか。左側はこれも元は土なのですが、今度は文化として見えてくると思います。このような土器が持つ芸術性は素晴らしいものです。まさに文化と言うにふさわしく感じます。

けれども、「芸術的」に見えるから文化だとも言いづらいところがあります。たとえば右側の写真は雪の結晶の写真です。いったいどうやったらこのような美しい対称形の結晶ができるのか、私は不思議で仕方がないのですが、ほとんど芸術品にも見えるようなこの結晶を見て「文化」と言うことはむずかしいでしょう。

もしも無理にそれを文化的なものと言うとすれば、「神の意志によって生み出された芸術品」みたいな見方をすることで、「神の文化」と表現するくらいでしょうか。それにしてもやや無理がありそうです。

つまり、土器と雪の結晶の対比から見えてくることは、そのものが何らかの主体が持つ「意図」によっ

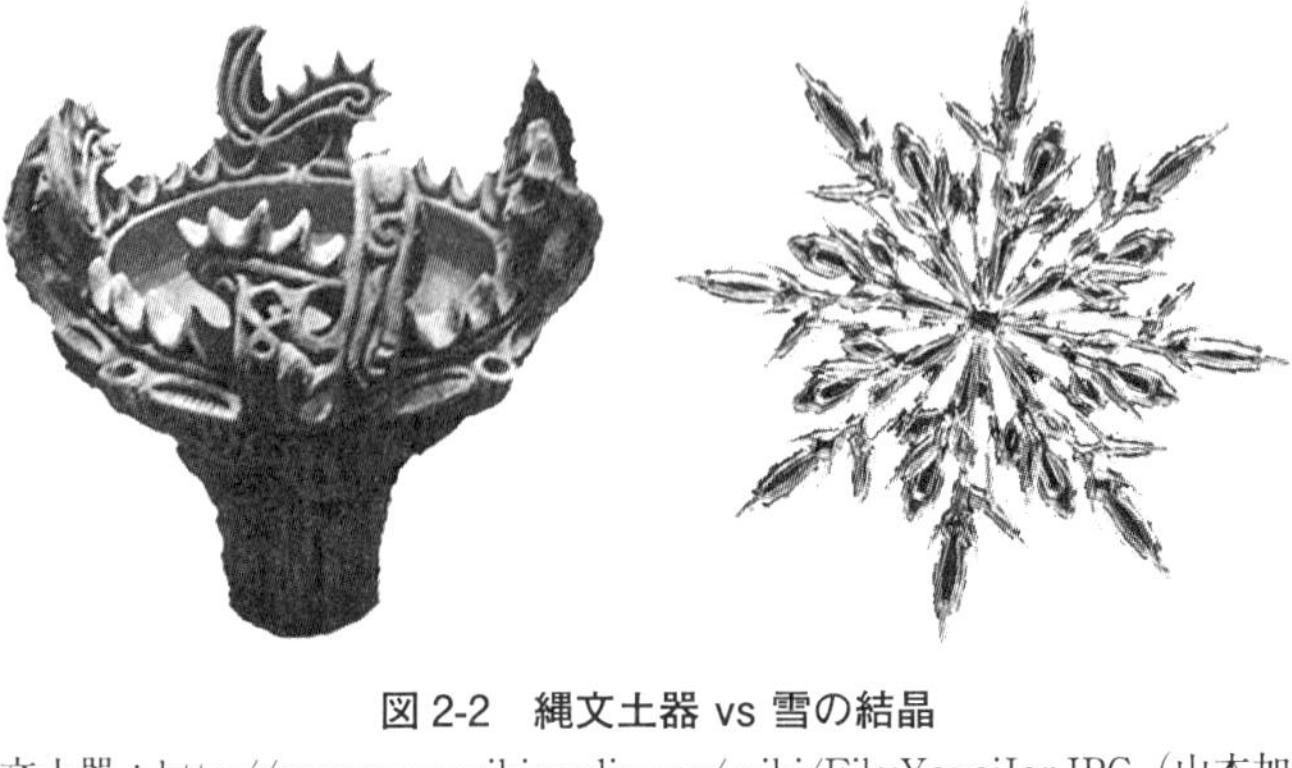

図 2-2　縄文土器 vs 雪の結晶

縄文土器：http://commons.wikimedia.org/wiki/File:YayoiJar.JPG（山本加工）
雪の結晶：http://switch-box.net/free-photo-snowflake.html（山本加工）

て生み出されたものかどうかが、「文化」と呼べるかどうかのひとつの大事な分かれ目になるということです。雪の結晶を文化的なものとするには、神という主体を持ってこなければならないのも、そういう意味になります。**文化は何らかの主体が意図的に生み出すものであるということです。**

では意図という文脈が置かれれば、それであるものを文化的なものと言うのに十分でしょうか。

2-2　文化一歩前

たとえば猫がネズミを追いかけていると見える場面があったとして、その時私たちはその猫という「主体」が「意図」を持ってネズミという「対象」を追いかけるという「行為」を行っている、という理解の仕方をしています。あるものが何かに向かっているように見える状態は、そのものに「意図」を感じる条件です。英語では同じ intentionality という単語を使ったりしますが、対象に向かう力、「志向性」が感じられる時、と言ってもいいでしょう。

猫はですから、その意味で「意図」を持つ生き物です。では次の

図 2-3　ネズミを追いかける猫

絵（図２-４）を見て、私たちはどちらにも文化を感じるでしょうか。

　どちらも顔に模様があります。このうち刺青あるいはお化粧をしている女性の顔は、やはり無理なくある文化として見えてきます。けれどもこの猫の顔を文化と感じるのはむずかしいでしょう。刺青やお化粧は他者に見せるという意図を持って行われるものであるのに対して、この猫の模様は自然に作られたもので、そこに猫自身の意図は感じられないことがひとつの理由です。

　プリミティヴな社会に暮らす方たちが刺青をする理由として、「他の動物は刺青などしない。それは人間であることの証明だ」といった説明をする場合があるそうですが、そうやって自分を特別の存在として表現する、という意図が、お化粧や刺青にはあります。猫は獲物に向かう意図性・志向性を持っていますが、刺青など何かを使って自己を表現するという形の意図性は獲得していません。

　単に意図的に行動できる、とか、意図的な行動によっ

図 2-4　猫の顔と刺青の人の顔

て何かが生み出される、というだけでは、それを文化と感じるにはやはり十分ではないのです。そこには自分や他者に向けた「表現」という性質を持った行為が絡んできています。

この点をもう少し考えてみます。下の図2-5を見てください。

これは有名なチンパンジーの道具的行動です。左は蟻つりの道具で、枝を折りとって葉をむしり取り、場合によって茎の先を歯でしがんでぼさぼさにしてから蟻塚の穴に差し込み、そこに食いついてくるシロアリを食べる、という行動です。動物園では蟻塚の代わりに中に蜜などを入れてこの行動をやらせてみたりもするようです。

まん中はアブラヤシの実を二つの石で割って食べる行動です。下の台になる石は安定している必要がありますから、もし形が悪くて安定しない場合は、小さな石をかませて安定させることすらあるそうです。もう石器のほんの一歩手前まで来ています。

右側は「類人猿の知恵試験」で有名なケーラーの実験の

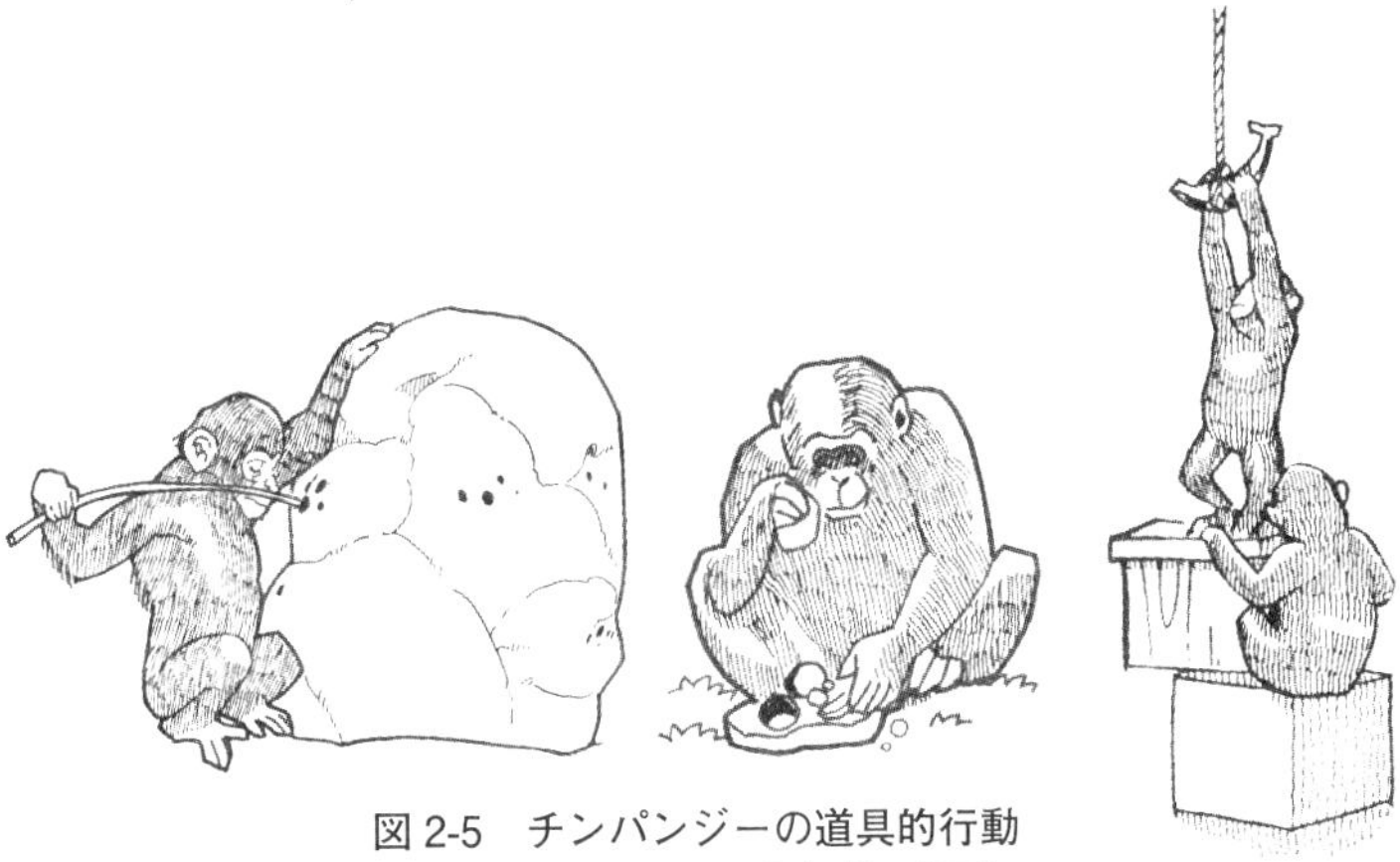

図 2-5　チンパンジーの道具的行動
右図：Köhler, 1921 を参考に作画

場面です。高くて手が届かないところにつるされた餌を、箱をくみ上げて足場にしてとっているシーンです。

これらの行動が意図的であることは明らかでしょう。道具が道具として成り立つのは、そのものを扱うこと自体が目的ではなくて、そのものを使って別の対象に働きかけることが目的になる、という「目的＝手段」の関係の中でのことです。道具を持つ、という直接の行動は、その先に別の「目的」を予定していて、つまりはそこに直接の行動とは距離のある意識的で意図的な行動が成り立っていることになります。

チンパンジーの賢さはそのレベルに留まりません。たとえば蟻つりの道具を、蟻塚のないところであらかじめ制作し、現場に持っていくということをやります。今現在の対象に対する行動が、現前しない未来の事態に向けて作られているわけで、明らかに「計画的」と言えるものです。

さらに自分が蟻つりの道具を作っているところや、持って移動しているところを他の個体に見られると、わざわざ蟻塚のほうとは異なる方向に歩き出し、ぞろぞろ付いてくる他の個体をまいてから蟻塚に一人でこっそり行くというようなこともするそうです。自分だけの秘密の蟻塚を他の個体に知らせないようにするためのようです。つまりチンパンジーは自分の行動について意識的、意図的であるだけでなく、「相手の意図」を見抜いて「誤った認識（関係ない方向をうろつくことで自分が蟻塚に行くのではないと思わせる）」を相手に持たせるような、「嘘」さえつけることになります。自分の行動で相手の意識や意図を操作する、ということまでやってのけているわけです。

こういう道具に関わる高度な行動には、意図的ということに加えて次の二つの大事な意味があります。ひとつはその行動は生まれながらに持っているものではなくて、経験を通して後に獲得する後天的な行動だという点です。だからその行動をする個体もいるし、しない個体もいます。もうひとつは、その行動を同じ群れの他の個体も真似をして行うことがあり、そうやって代々受け継がれたその群れの独特の行動になることがあるということです。

後天的な行動でしかも一部の群れにだけ伝承される、となれば、それを文化と呼びたくなるのも無理はないでしょう。実際生物学者の中には、それを文化的な現象ととらえる人たちもいます。

私もそれが明らかに人間の文化的な行動につながるものであると思いますが、ただ「文化を準備する行動」とは言えても、それを文化と言うことにはためらいを感じます。それはチンパンジーがさまざまな声を使ってコミュニケートできたとしても、それを彼らが「言語を習得している」とは考えられないのと似ています。またうまく学習させれば、チンパンジー用の「自動販売機」に入れるコインを獲得するために、「労働」をさせることができるという現象から、チンパンジーにも貨幣が理解できると考えるのは無理な議論だということとも共通します。外形的には同じ行動パターンを示している部分がありながら、それを成り立たせている心理学的な構造が全く異なるからで、そしてその違いこそが、人間の言語や貨幣を成り立たせる要件になるからです。

2-3　表現と規範

ではこのチンパンジーの道具的行動が、人間の文化的な行動と異なる点はいったい何でしょうか。図

2-6を見てください。

どちらもいかにも人間的で文化的なものに見えるでしょう。

ひとつはブランド品の販売に関するものです。道具としてのバッグは「物を入れる」という実質的な機能の面では別にどの会社のものを使っても何も問題がないはずですが、人はそこでしばしばブランドにこだわります。そこに「丈夫だ」とか「サービスがいい」などの実用面での「信用性」が絡んでくることもありますが、現代のブランド品がブランド品であることの中心的な理由はそこにはないでしょう。やはりかっこよさとか高級感など、そのものが与えるイメージが問題です。

もうひとつは、ある競馬場の招待席エリアに設けられたドレスコードです。ドレスコードというのは、その場に参加する場合に要求される服装の基準で、日本の競馬場にもあることを知りませんでしたが、それもひとつの文化であることは間違いないでしょう。

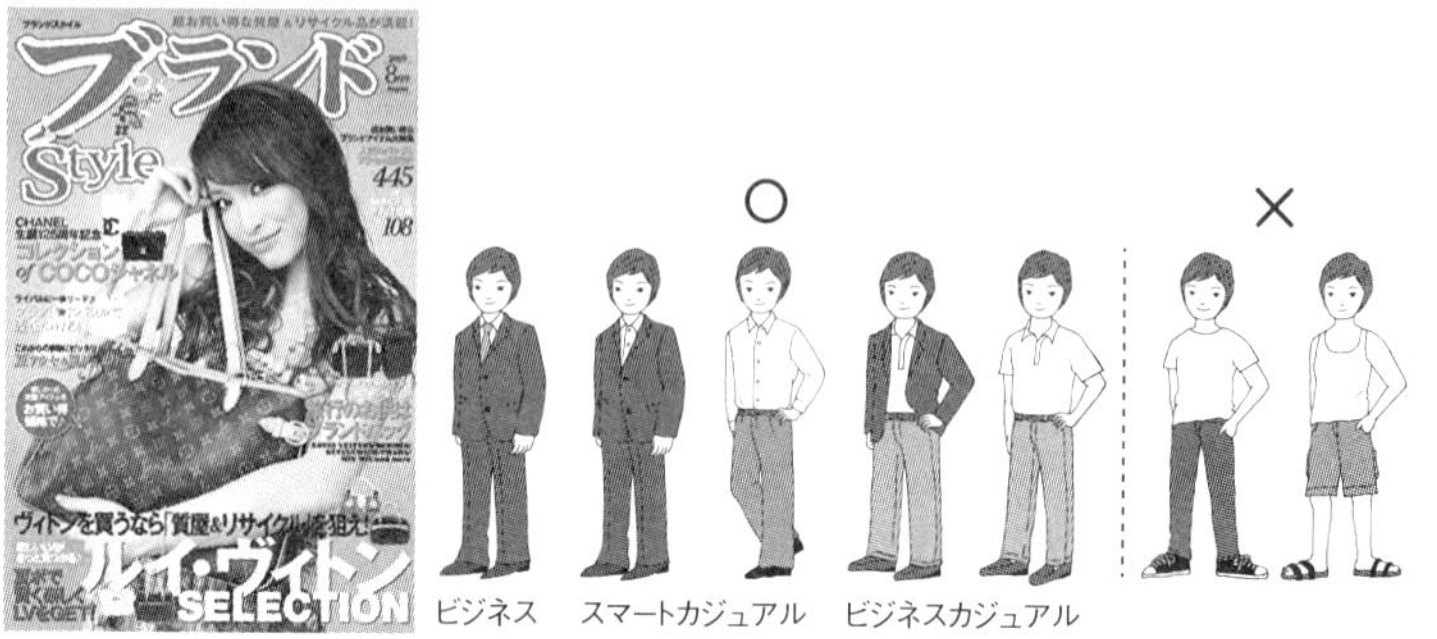

図 2-6　ブランド品と競馬場招待席エリアのドレスコード
「ブランド」: http://matome.naver.jp/odai/2129920569031428501/2129920577031437103
ドレスコード：イラスト　霜田りえこ

さて、この両者に共通して見出され、そして図2-5のチンパンジーの例には見出せなかった要素は何かが問題です。

それはひとつにはブランドや服装というものが、自分や他者に対する表現という意味を持っていることです。どちらも「他者に見られる」ことを前提に成り立ち、往々にして「見せる」ことを目的として、その服装やブランド品が用いられるわけです。

「見られる」ことを意識する点については、すでに述べたようにチンパンジーにもそれは見出せます。しかしそれは、「見られない」こと、「隠す」ことの方が重要でした。「見せる」ということについては示威的な行動を取り上げることが可能です。自分の力を誇示するために、大きな音を立てたり、枝を引きずって走り回ったりする行動です。しかし主体の直接的働きを離れて、そこで用いられる枝それ自体が何かの表現として提示され、相手に意味を持つとは考えにくい事態です。

もうひとつは、そのブランドや服装による表現行為には、対象の価値づけとか、扱いについての規範ということが絡んでくることです。ブランド品を持つことで、その人は自分のセンスや社会的地位を相手に示すことになります。あるいはそれを共有する人たちとの間には仲間意識も生まれるかもしれません。ブランド品を持つことでその人が自分に自信を持つこともありますが、それはやはり対象に価値を見出しているからで、その価値が他者とも共有されていて、ブランド品を持つことが自分の価値を高めると感じているからです。

そのような価値観を持つ人の場合には、逆にそれを持てないことに引け目を感じたりもするでしょう。持てないことが自分にとっては一種の罰として作用します。そこに内的なサンクションが働いています。そしてまた、そのブランド品の有無によって他者との関係の取り方を変えたりします。この場合は、外的なサンクションが働いていることになります。ブランド品はそこに価値が見出されることで、人の行動を方向づける力を持ち、他者との関係を規定する作用を持つのです。

ドレスコードも同様です。ドレスコードを守ることは、その集団に入れることの条件になります。その条件を守らない場合は、その集団から排除されることも意味しています。ここでも良し悪しで価値づけられた服装がサンクションを発生させ、人の行動を方向づける規範的な力を持つことになります。

つまり文化的な対象は、自他に対する「表現」として現われます。それは価値づけられ、しかもその価値づけは他者と共有されていると考えられ、そしてその価値づけに応じたサンクションが働いて、そこに「規範性」が生み出されるのです。

ではチンパンジーの道具は、この点でどうでしょうか。素晴らしい蟻つりの道具を持つことがそのチンパンジーにとってはステータスシンボルになるようなことがあるでしょうか。あるいはそれを持っていなければ、集団から排除されるようなことがあるでしょうか。そうやって物の価値づけが共有され、その価値がやりとりされることで、その群れの社会構造が作られるようなことがあるでしょうか。

ここではあまり深入りはしませんが、そのように考えていくと、対象が個体間でどのようにやりとりされ、それがどのようにその集団の構造を作り上げていくか、という点で、人間とチンパンジーは全く異質であることが見えてきます。私がチンパンジーの道具行動を、後天的で限定された集団にのみ伝承されていく、という構造がありながらも文化として見なすことをためらうのは、この異質さのせいです。

対象が何らかの主体の意図的な行為の中で生み出され、さらにその価値が主体間で共有されてその行動を方向づけるという形で、何らかの価値的な規範性がそこに感じられることが、その対象が文化として立ち現われる条件のひとつになっているように思います。**文化を生み出す文脈としての「規範性」**という言い方も可能でしょう。

2-4　文化と集団

さて、ここまで来て文化ということが、共有された価値や規範性といった性格を持って、集団ということに何となく結びつき始めました。この章の最後は、その問題を扱います。早速下の写真（図2-7）を見てください。何でしょうか。

壺ですね。

明らかに意図的に作られた道具で、直観的にもそれ

図 2-7　壺
http://commons.wikimedia.org/wiki/File:YayoiJar.JPG
（山本加工）

を文化として見ることに違和感はないでしょう。物を入れたり煮炊きしたりといった基本的な機能はもちろん重要ですが、壺の意味はそれにはおさまりません。独特の形や模様などが付いてくればなおさらです。それは場合によって美的感覚にもつながる価値を持ち、理想的な形や模様といった「規範性」を持つ基準によってその作成が方向づけられているものとして見えてきます。

そのことをよりわかりやすく見るために、図2-8の写真を見てください。

このような対比の文脈を持ってくると、もはや壺は単なる壺ではいられません。それは弥生土器と縄文土器と呼ばれるものとなり、一方は弥生文化の代表、他方は縄文文化の代表として現われます。

文化はここで異なる様式と出会うことで、○○文化という固有名を持った具体的な文化とし

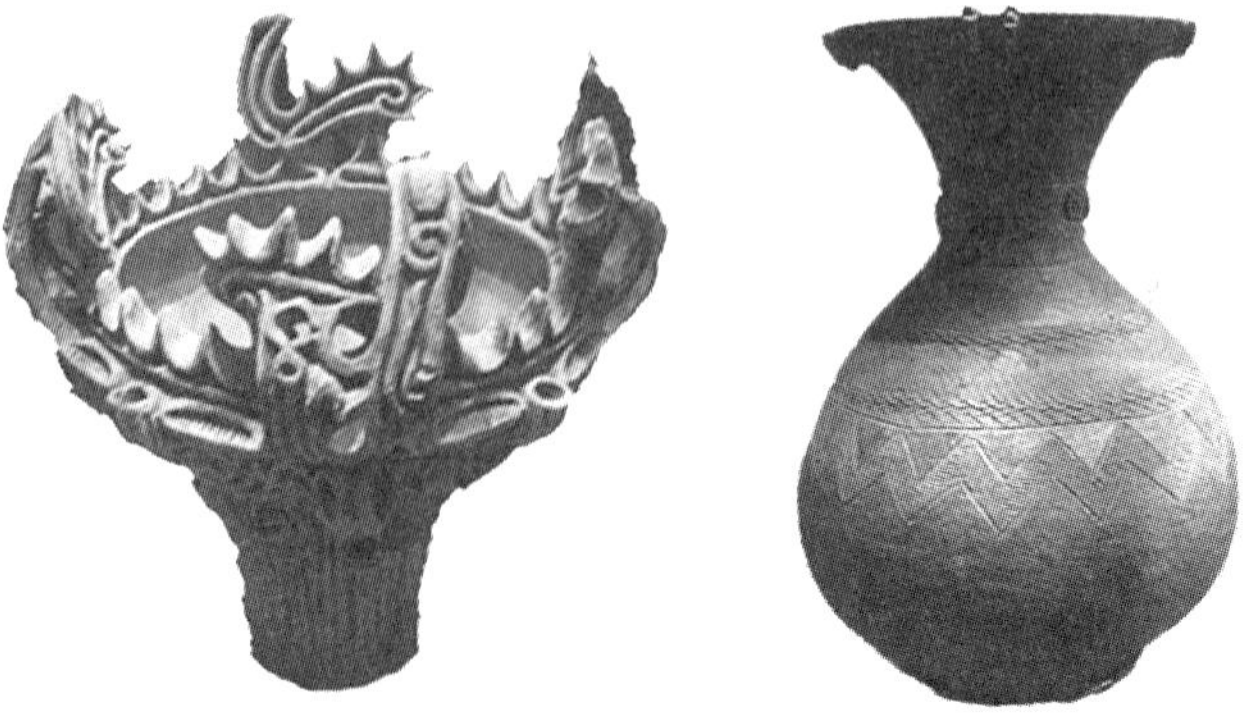

図 2-8　縄文土器と弥生土器
http://commons.wikimedia.org/wiki/File:Jomon_vessel_3000-2000BC.jpg
（山本加工）

て現われることになります。

ここで単純な事実を確認しておきたいのですが、弥生土器も縄文土器も、どちらもたった一個しかないのではありません。それぞれがいろんな時期のいろんな遺跡から出土しています。それら複数の土器をまとめて、弥生土器とか縄文土器とか総称しています。そのことの意味は何でしょうか。図2-9のイラストを見てください。

それぞれの壺は弥生文化として、あるいは縄文文化として私たちの目に現われていますが、それは単に一個の壺として見られているのではなく、それが属するグループの一員として私たちに立ち現われています。そしてさらに言えば、私たちはその壺の背後に、それを生み出す人々の集団、そしてその人々の暮らしを何となく感じ取っているのです。

弥生土器と縄文土器の違いは、単なる様式の

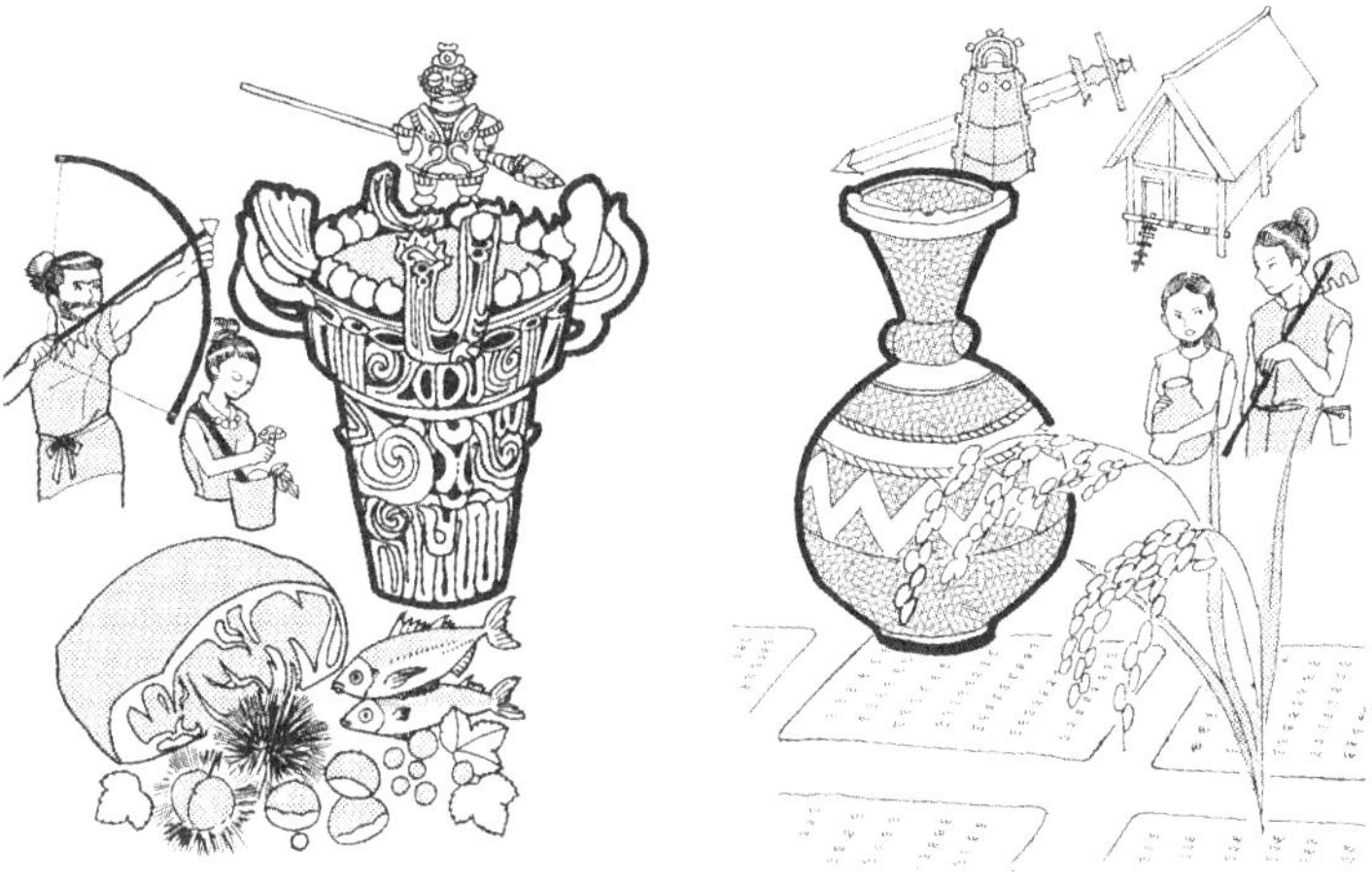

図2-9　縄文土器と弥生土器とその背後の集団生活

違いではありません。それを生み出す人々の生活スタイルや、技術、美意識、価値観などを表わすものとして感じ取り、それが異なる集団の人たちとの対比において、独特の様式として見えてくるのです。

弥生土器を生み出す人々は、同じ生活スタイル、技術、美意識、価値観などを持った人々として思い浮かべられます。そのような人々の集団が生み出すものとして、弥生土器があり、それが弥生文化として現われてきているのです。そしてそれは縄文土器や、あるいは須恵器といった、異なった様式の土器、あるいはそれを生み出す異質な集団との対比で、弥生文化という固有名を持つ文化として立ち現われています。

時代をいきなり現代に飛ばします。次のエピソードをお読みください。

【エピソード１】気をもらう。

１９９５年、私が文部省（当時）在外研究員として北京に滞在していた時のことです。住居としていた大学の宿舎から歩いて20分程度の所にある双秀公園というところに散歩に行きました。双秀とは日本と中国のそれぞれの優れたところという意味で、両方の様式を取り入れて作られた公園だそうです。

木々の茂った園内を歩いていると、木の幹に向かって何も言わずにただ立ち尽くしているおじさんがいました。ほんとに何も言わず、何もせず、ただ木に向かってじっと立っているのです。私は非常に奇異な感じを受けて、この人、ちょっと精神的にバランスを崩しているのではないか、と感じてしまいました。気にしながらそこを通り過ぎて歩いていくと、その先にまた同じように木の幹の前でじっとしている人がいます。気づくとその二人だけではなく、公園の所々で何人かの人がそうやってじっと立ち尽くしていました。

私は大学に戻り、知り合いにその奇妙な体験を話しました。すると謎が即座に解けたのです。それはその人が木から気をもらっているのだということでした。つまり気という中国伝統思想につながる民間健康法のひとつです。


得体のしれない、了解できない行為に出会い、私はそれをある種特異な「逸脱者」のおかしな行為として感じました。その結果、かすかな緊張感や警戒感さえ生まれました。ところがそれは一人だけの行為でない、もしかしたらある程度ありふれたことなのかもしれないということで、その感覚に迷いが生じ始めました。そして知り合いの説明を受けたとたん、その「変なおじさんの奇妙な行為」であったものが、いきなり「中国数千年の伝統文化」に切り替わってしまったのです。

ここでもある振る舞いが、その背後にそのような振る舞いを生み出す「人々」の連なりを感じさせることで、それは文化として立ち現われることになりました。その人々に共有された価値観、規範性によって、その行為は生み出されていると感じられたわけです。そのような価値観や規範性によってその人々はつながって見えます。そこに、その人々をつなぐ独特の「共同性」を感じ取ることができます。

言い換えると、その現象は**他とは異なる独特の共同性を持つものとして見えてきた時、そこに文化が立ち現われる**のです。

2-5 まとめ ―― 共同性の差という文脈に現れる文化

まとめます。

ある対象が文化として立ち現われるのは、それが何らかの主体の意図によって生み出されていると感じられる場合でした。ただし意図的であれば何でもいいわけではなく、それが他者（対象化された自己を含みます）を意識したある種の表現として成り立っている必要があるとも考えました。そしてそこにはその対象（振る舞いなどでもかまいません）の価値が共有され、その価値によって行為が方向づけられる規範性が備わっていることが大事になると考えました。

このような対象の意味づけられ方や用いられ方によって、人間の複雑な社会を可能にする社会的行動が生み出されていると考えられます。この点から考えると、とても高度な社会的行動が可能なチンパンジーも、そのような形で対象を生み出し、あるいは用いることはありません。言葉の定義の問題にすぎないという見方もあり得ますが、そもそも文化という概念が成立したのは人間の社会を見てのことで、刺青の例のように、文化はしばしば他の「自然」と人間とを区分する意味を持たされています。「人間社会の秘密を解き明かすものとしての文化」という視点からは、チンパンジーの道具行動は前文化的とは言えても、文化的行動と見なすのは無理があるだろうというのが私の見方になります。

意図、表現、価値の共有、規範性、といった文脈が、対象を文化として立ち現われさせます。そしてその時、実は個別の対象の背後に、私たちはそれを生み出している個人ではなく、集団を感じ取っており、しかもその集団というのは、他の集団とは異なる独自の共同性を持つものとして見えてきているのです。ここでは、そんな見方が可能になるように思えます。

ここで文化という現象について、その背後に文化の主体としての「集団」というものが浮かび上がってきました。ある現象が文化として現われるのは、個人としての人がそれを生み出しているからではなく、その人の背後に集団が想定されるからだというわけです。さらに踏み込めば、文化現象を直接に生み出しているのは個人ですが、実際には個人を介して集団がそれを生み出しているのだ、という、主客を逆転させた理解の仕方も出てきます[2]。

そうすると、今度は「文化現象を生み出す主体」としての集団というものについて考えてみる必要性が出てきます。はたして文化集団というものは、実体として存在しているのでしょうか？

第3章　文化集団の虚構性

3-1　文化の担い手 ── 個人か集団か

「○○文化」と呼ばれるものは、誰か特定の個人の持つ個人的な特性ではありません。仮にその個人が亡くなったとしても、その文化は次代に引き継がれていきます。また、その個人が生まれる前にもその文化は存在しており、その人はすでに存在していた文化を引き継いだのだ、と見える場合もよくあります。ある特定の個人には依存しないで存在するもの、そしてその個人がそれに影響されて自分を作り出すものとして文化は現われます。そのような構造の内にあるからこそ、文化というものは個人を越えた客観的な存在なのだという主張に説得力が出てきます。

では個人が存在しないところに文化は存在し得るかと考えると、これもまた考えにくいことです。すでに滅んだ過去の文化というものもたくさんあるわけですし、ある文化の「最後の伝承者」が亡くなり、その文化は永遠に失われたと見なされる出来事も起こり得ます。この意味では、今度は文化の主体は個人であり、個人を離れたところに、あたかも天空に浮かぶ霊魂のように「文化」という実体が存在しているわけではないと思えます。

そうすると文化というものは、具体的な個々人によって担われ（分散的に所有され）、そのつながりによって維持再生産されるものではないかという見方も可能になるでしょう。そのつながりがすなわち文化集団の実体なのだという説明になります。

さて仮に、文化を担う主体としてそのような具体的な個人のつながりを想定し、それを文化集団と考えたとします。そうすると、文化集団というものを確固とした安定的な実体として安心して考えることができるようになるでしょうか。

この問題について、文化集団の外延（物理的な範囲）と内包（質的な基準）から考えてみます。まずは関西文化というものを例にして。

3-2　文化はどこに？ ―― 空間的外延について

日本の中では、関西という地域は独特の文化を持つ人々の住む地域と見なされることがよくあります。日本中にはびこる「振り込め詐欺」についても、大阪の「おばちゃん」は容易に騙されず、大阪府の被害率は明らかに低いと言われますが（内閣府 2008）、私も関西に長く住んだ経験のあるものとして、その感じはよくわかります。また関西は値引き交渉はひとつの楽しみ、店員とお客の大事なコミュニケーションのひとつで、聞いていると思わず吹き出すようなメチャクチャな理由をつけてやりとりしている場面にも出会いますし、ほとんど掛け合い漫才を見ているような楽しい気分にもなります。その後私が関東に引っ越してきてからの経験ですが、こんなエピソードがありました。

【エピソード2】値引き

私が群馬のあるリサイクルショップで買い物をした時のことです。店には値引きに応じますという張り紙がありました。関西からやって来た私は、ここは買い物の楽しみどころと思い、店員さんと張り切って値引き交渉をし、それなりに負けてもらって「合意」が成り立ちました。ただしその時、その金額に消費税を含むかどうかは何も話し合われていませんでした。

それで私はここが次の楽しみどころと思いを定め、レジに向かいました。すると案の定店員さんは、合意した金額に消費税を上乗せした金額を請求しました。私はまってましたとばかり、「あ、これ消費税込みの値段だよね。ここはなしということにしようよ」とニコニコして交渉を始めました。すると今まで笑顔だった店員さんの顔が一瞬にして悲壮な表情に変わり、文字通り声を震わせて、「もうちゃんと負けたのに、酷すぎる」と怒りだしました。私は全く予想外の展開にビックリして、あわてて「ああ、じゃあいいから」と言って、請求された額を支払いました。

この時私はその店員さんの義憤に駆られたような切実な怒りに触れて、「あ、ここではそういうの許されないことなんだ!」と身に染みて感じたのでした。やっぱりここは、関西とは文化が違うと「悟った」わけです。

ところで私がこのエピソードで実感した関西文化ですが、それはいったいどこにあるのでしょうか。図３-１を見てください。

どちらも「関西」という表示のある地図ですが、よく見ると一方には三重県が含まれており、他方には含まれていません。ネットで画像検索をすると、どうも含めない図のほうが多いようですが、どちらも存在します。

私が関西に住んでいた頃は三重県は愛知の文化圏に属するという印象があって、関西だというイメージは全くありませんでした。けれども東京である方に三重は関西に属さないという見方をお話ししたら、即座に「え？　じゃあどこに属するんですか？」と驚かれました。ちなみにある人がこのことに悩んで三重県庁に問い合わせたら、わからないという答えだったそうです。

関西文化というものは確かにあるように私には感じられていたし、関西人という文化性を持つ人々、集団は確かにあるように思えたのですが、ではその文化はどこにあるのか、と細かく詰めだすと、とたんにその境界はぼやけてし

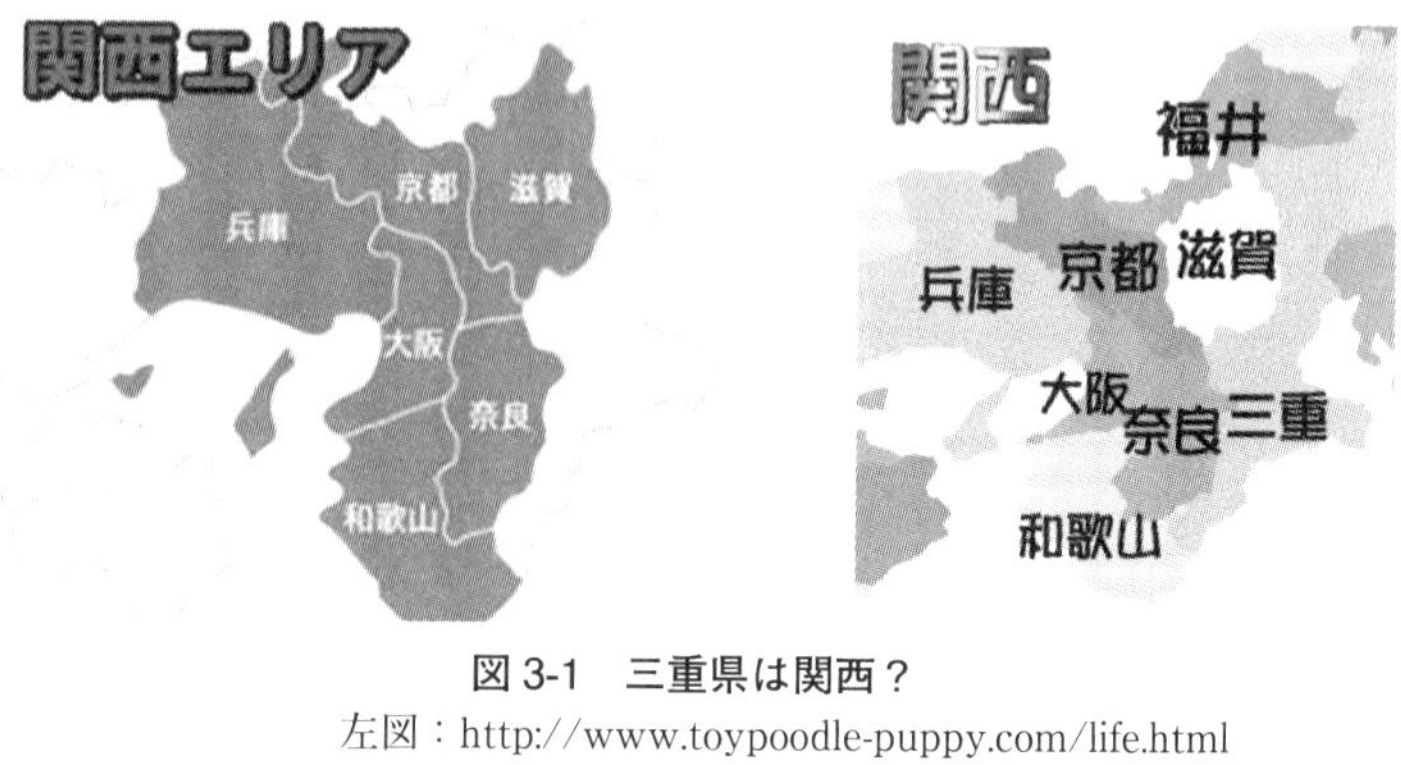

図 3-1　三重県は関西？
左図：http://www.toypoodle-puppy.com/life.html
右図：http://neosoya.sakura.ne.jp/kansai_top.html

まってわからなくなります。

図3-2は、弥生時代に存在を想像された銅剣銅鉾銅戈文化圏と銅鐸文化圏の領域を示した図です。日本では鉄器と青銅器が同じような時期に渡来したらしく、武器は専ら性能が優れた鉄器が使われ、青銅器は大型化して祭器として使われたようですが、祭りはそもそも集団内部の精神的結合を強める機能を持ち、それに用いられる祭器は、その集団の精神的な統合原理の性格を象徴する可能性があります。

武器を模した祭器を用いていたと考えられる銅剣銅鉾銅戈文化圏は、その統合原理に武力が中心的な意味を持っていた可能性も想像され、その点では中国渡来の鐘を模して成立

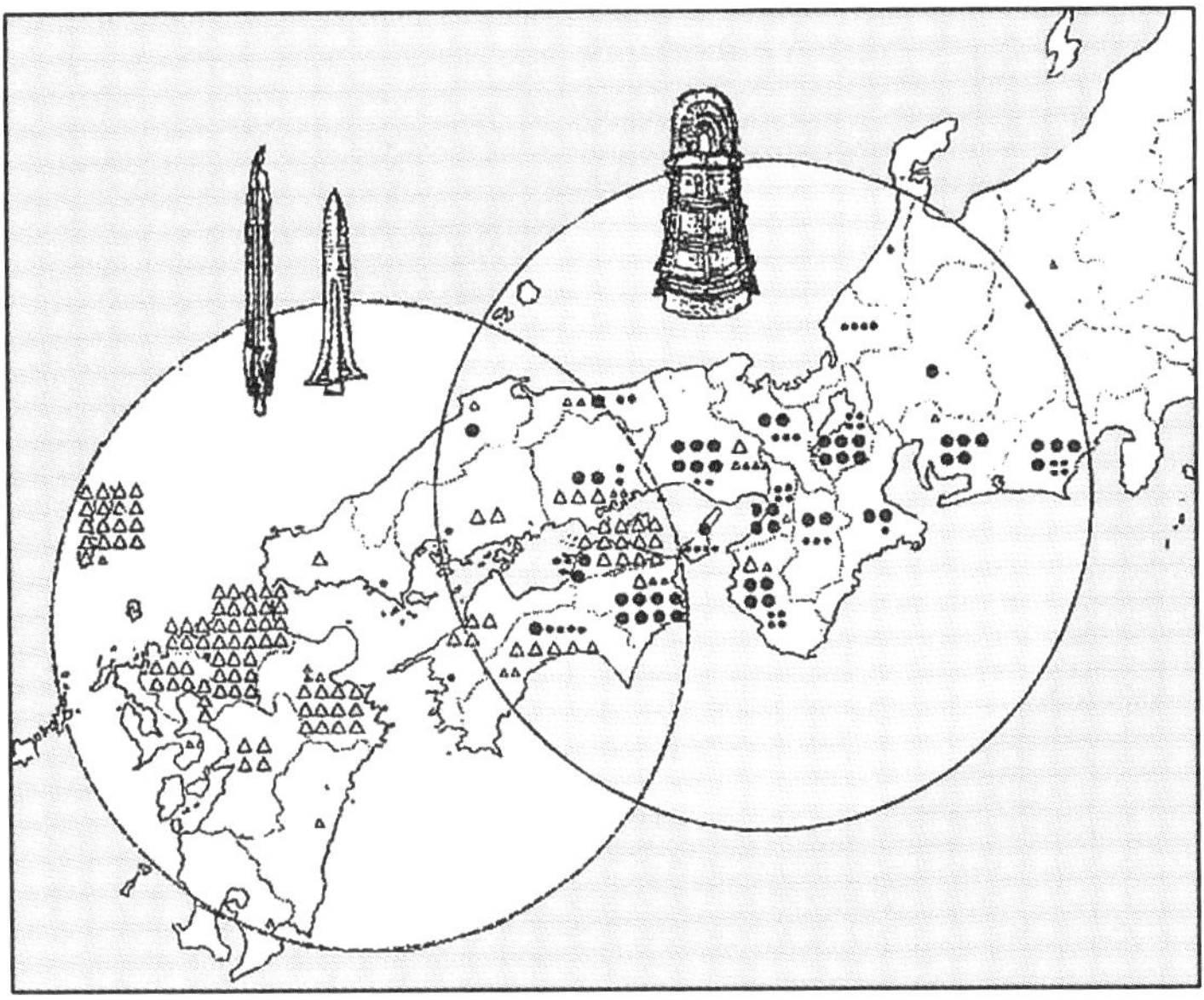

図3-2　銅鉾・銅鐸文化圏
井上光貞『日本の歴史1　神話から歴史へ』2005, 中公文庫

発展したと考えられる銅鐸とは対照的な位置を示すように見えます。その出土地も、近畿と北九州を二つの核として割合明確に別れているようにも見えました。そのためそれは当時の二大文化圏を表わすという解釈も有力になったわけですが、たとえば今の県境のようにくっきりと線引きできるわけでもないですし、その後の発掘でそれまで九州では全く出土例のなかった銅鐸が見出されたり、さらには鋳型までもが出土したり、出雲や吉備にはまた異なる勢力の文化圏が存在していたと考えられるようになったり、境界は揺れ動いています。

この例でもわかるように、ある時期にある人たちから見ればひとつの文化圏を成すものとして見えた地域は、決して安定的に存在し続けるわけではありません。

なぜそういうことが起こるのでしょうか。ひとつの可能性としては、「ほんとうはちゃんとした線引きが可能な文化圏が存在していたのだが、発掘が不十分だったり、理解が不十分だったためにそれをとらえ損なっているだけなのだ」と考えてみることでしょう。けれども問題は、それほど簡単とは思えません。

ここでひとつ、文化を考えるうえで避けて通れない問題について少しだけ述べてみたいのですが、そもそも銅鐸文化圏というものはほんとうに存在していたのでしょうか？　少なくとも当時の人がそのような概念で自分たちのアイデンティティを構成していたことはないはずです。そういう当事者の認識とは直接には関係のないところで、考古学者がその文化圏を構想しています。まさに「客観的に定義された文化圏」と言えなくもないわけですが、ところがその「客観的な文化圏」が揺れ動き続けて安定しないのです。

それは発掘の進展によって常に変動可能性を持っているし、仮に発掘し尽くすという現実にはあり得ない事態が起こったと仮定してさえ、その発掘資料のどの部分を取り上げて文化圏をどう構成するかということについては、第1章でも問題にしたような多様な解釈が展開し得ることになります。到底そこから安定した唯一の境界線を確定し得るとは思えません。

そこで問題となる文化圏は当事者の認識に依拠して確定されるものでもなく、また資料から一義的に安定して確定できるものでもなく、研究者の主観の関わり方によってさまざまに変動し得るものであるわけです。そこに明確な境界線を持った固定的な実体としての集団を想定することは困難、ということになります。

3-3 いつからある？――時間的外延について

境界線の問題に続き、今度はある文化集団についての時間的な区切りについて考えてみます。弥生文化はいつ始まったのでしょうか。図3-3は国立歴史民俗博物館のまとめた、弥生開始期についての学説の変化に関する表です。

年代と共に研究者が想定する開始時期はだんだんと早まり、九州北部については1960年代には紀元前300年と考えられていたものが、現在ではさらに600年さかのぼるという主張にまで変動してきています。ただしこの変動は文化それ自体のあいまいさに基づくものではなく、単に発掘される遺跡の積み重ねによる変動であったり、特に最近の年代は放射性炭素の同位体存在比率を用いた物理的測定に基づくもので、従前に比べてかなり自然科学的な客観性で出土品（動植物の遺骸）の時期を特定できるようですので、そういう技術的進歩で「正確」に測定できるようになったからだ、という見方も可能でしょう。つまり「ほんとうは客観的に明確な時間的線引きがある」のに単に技術的な問題で揺れただけだ、という見方です。

けれども、ここでも問題はそれほど単純ではありません。

弥生土器の名称の由来はそれが出土した町の名前です。もしそれがただその遺跡だけに特徴的な土器だったとすれば、それが日本社会の歴史を大きく画期するような弥生文化、そして弥生時代というビッグネームには育たなかったはずです。しかし実際は日本各地で似た性質の土器が見つかっていき、しかも弥生土器の発見される場所に水田による水稲栽培の痕跡が

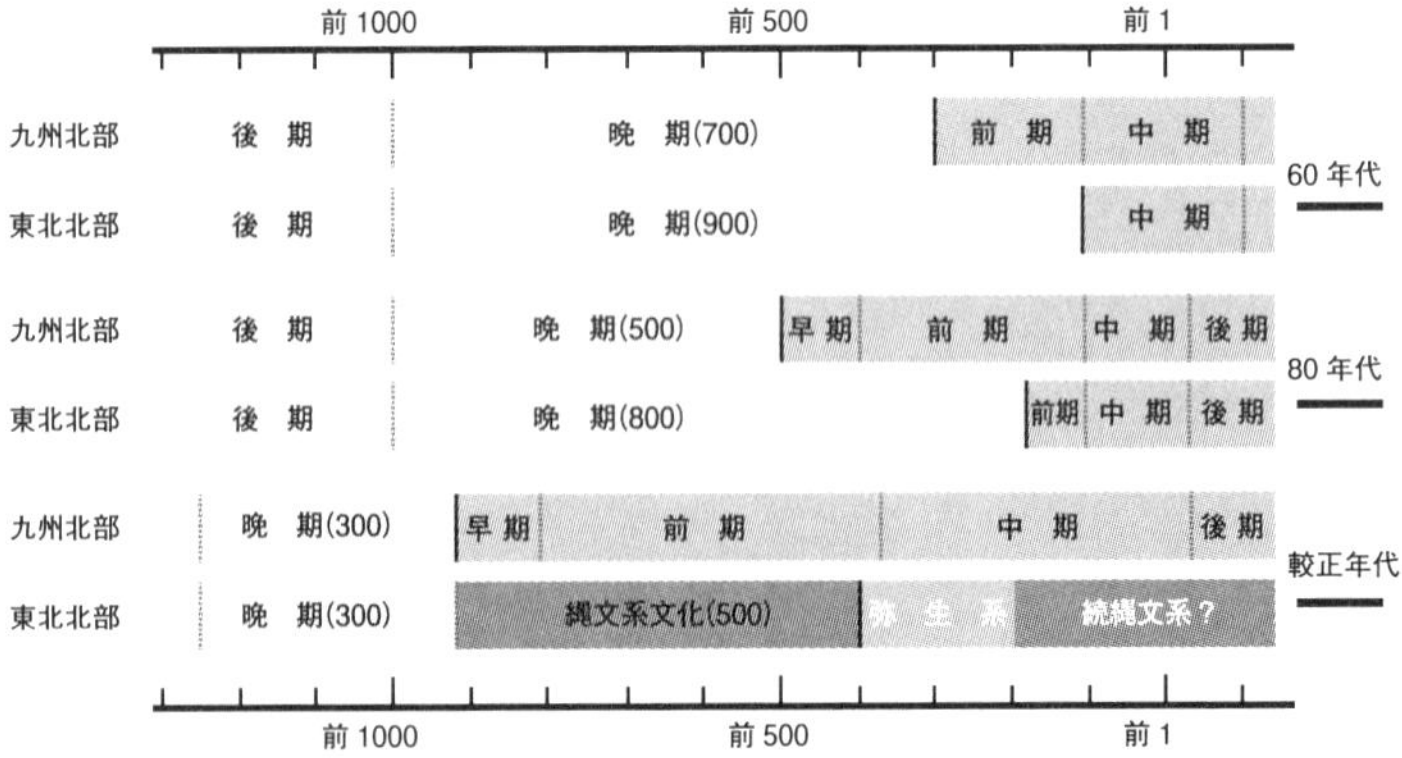

図 3-3　弥生時代の開始時期

藤尾慎一郎「弥生農耕の起源と東アジア——炭素年代測定による高精度編年体系の構築」
http://www.rekihaku.ac.jp/kenkyuu/katudoh/sousei/yayoinoukou/hokoku05/b/b.html

伴う事例が積み重なることなどから、単に土器の作り方に関する一種の流行現象といったレベルでとらえられる問題を越えた意味づけがなされるようになります。

水稲栽培の導入時期には、人々の暮らしの全般を変えるような巨大な変化が起こったと考えられています。それは当時の人々にとって、今で言えばネット社会の出現にも匹敵するような、あるいはそれをも上回るような、インパクトを持って成立した超ハイテク社会であったはずです。それ以前の狩猟採集による暮らしに比べて労働の面でも、組織の面でも、また生産物の管理や配分の面でも、旧来の常識が全く通用しないような形が必要となり、交易の形や集団間の関係調整の仕方なども劇的に変化したはずです。社会の統合原理が変わり、世界観や宗教形態なども全く変わっただろうということは、素人にも想像可能です。

そういった暮らしのトータルな変化を象徴するものとして、弥生の名が使われ、また弥生文化というものが想定されたことになります。

その中核に据えられる技術が水稲栽培ということになるわけですが、ここでも混乱が生まれます。九州の縄文土器が用いられた段階の板付遺跡で、水田が発掘されるといったことが起こるわけです。さらに陸稲を含め、農業は縄文時代にもかなり行われていたことも認められるようになり、縄文＝狩猟採集vs弥生＝農業といった、私が昔習ったような「常識」はすっかり通用しなくなってしまいました。

ここでも「ほんとうは弥生文化の時代は客観的に確定可能な客観的なものだが、ただそれを確定するために十分な資料や技術が揃っていないだけだ」という議論は成り立ちがたい状況が垣間見えます。

また、空間の問題でも少し述べたように、この時代区分は当時の人々自身の時代認識に直接結びついて決められたものではなく、研究者が研究の観点で「客観的に」決めたものですが、ところがそれもまた揺れ動き続けるもので、取り上げる資料や視点の取り方によってさまざまなヴァリエーションを生み出し得ます。その意味では、それは研究者の視点に依存する主観的な現象でもあります。

空間同様、時間の境目というものも、揺れ動き続け、そして目を凝らすほど、その境界はぼやけてしまってわからなくなります。それが文化にとってはごく自然な姿であると見えてきます。

3-4 メンバーは誰？ —— 成員的外延について

もう一点、文化の外延について、その文化に属する成員の範囲ということを考えてみます。下のイラストを見てください。この三人のうち、日本文化の構成員は誰でしょうか。

数年前に学生に聞いてみたら、張本勲さんは大部分の学生がそうだと言い、ラモス瑠偉さんや田中マルクス闘莉王さんについては否定的な答えが圧倒的でした。何がその判断の基準になっているのでしょうか。

比較文化的な調査をする場合、いつも悩ましいのはその文化を代表す

図 3-4　ラモス 闘莉王 張本

る人として、どの人たちを選んだらいいのかという問題です。日中韓越の研究者の皆さんとやったお小遣い現象に関する共同研究で、私たちは日本の関東でも関西でも調査を行いましたが、ある時大阪で得られたインタビューについて日本で学会発表をしていたところ、それをご覧になった関東の方が違和感を抱いておられました。関西のその子は何か違うという印象を持たれたようです。

実は私も、たとえば中国や韓国などと比べれば共通性のほうが目立つものの、単独で関東と関西の子どものインタビューを比べると、何か違いも感じていました。エピソード2でも述べたように、やはりそこにも「文化差」を見出すことは、決して無謀なことではないように思えます。ではそういう多様性があるのなら、「国際比較」という枠組みの中で、私たちは日本のデータとして誰をサンプルに選ぶべきなのでしょうか。

心理学の方法論の中でのこの問題についての原理的に明確な答えというものを、私はまだ知りません。実態は、たとえば国籍で分けてみたり、被調査者の住む場所で決めてみたり、できるだけ結果が安定するように数をとって「例外」の影響力を弱くしようとしたり、という対症療法のようなことをする程度です。

図3-4の問題に戻れば、国籍という基準を用いれば学生の反応は全く事実とは正反対です。ラモスさんは1977年に来日し、1989年には日本国籍を取得し、さらにはサッカーでは「日本代表」として活躍しています。興味深いことに、日本での生活歴ということでは学生よりも遥かに長い時間を日本人として過ごし、日本を代表もされたのに、日本の学生には日本文化の構成員と感じられていないのです。

氏と育ちのうち、氏がポイントなのかというと、闘莉王のお父さんは日系ということですし、逆に言えば張本さんのご両親は違うわけで、そこでも理屈は成り立ちません。あるいは顔つきとか名前とか話し方とかが手掛かりになっているかもしれませんが、明示的に示すことは困難です。

結局成員ということから言っても、文化集団の境界線は全くあいまいになっていくわけです。

3-5 文化を分ける特徴は？ —— 内包について

ではある文化集団をその質的な特徴で定義することは可能でしょうか。言い換えれば、その内包を確定できるかという問題です。たとえばあるものが日本文化と認められる要件は、何でしょうか？

納豆は日本の庶民的おかずの代表のように扱われることがあります。沢庵も日本的でしょう。どちらも日本で発明されたと考えられるものですし、庶民の食卓で見られることは珍しくありませんが、外国人には驚かれ、敬遠されることが少なくない食べ物のひとつです。

では日本人は全員が納豆を食べるかと言えば、決してそんなことはありません。苦手な人も少なくないし、そもそも関西で納豆が広く食べられるようになったのは比較的最近のことです。福岡ではむしろ、おきゅうとという食べ物のほうが一般的だったりということもあります。では納豆を食べない人は日本人ではないのかと言えば、もちろんそんな理屈はあり得ません。ある文化集団の成員のすべてが同一の行動をし、他にはそれが見られない、というようなものが見出されることは、具体的な文化現象としてはむしろ例外的でしょう。

ではすべての成員にそれが共有されていなくても、多数が共有していれば、それをその文化集団に特徴的なものとして認められるという基準が成り立つでしょうか。しかし、能は日本文化の象徴のように扱われ、海外に紹介されることもありますが、能をまともに見たことがある人などまれでしょうし、ましてや能を舞ったことのある人など、探すのがむずかしいくらいです。

いや、数の問題ではなく、象徴性の問題なのだという見方もあり得るでしょう。能のあの極端に抑制された表現、張り詰めた緊張感、死から生を見る物語構成など、日本の精神文化の中核的部分をよく代表しており、その象徴性において日本文化の精髄と認めるにふさわしいとか、何らかの理屈をつけてみることは可能でしょう。ではそこで見出された理屈は、はたしてその他の日本文化と見なされるものにも等しく適用可能でしょうか。たとえば沢庵との共通性は？

無理をすれば、部分的にはいろいろな理屈がつく可能性は皆無ではないでしょう。でもそれら全体を通してトータルに、たとえば日本文化と中国文化を分ける基準を見出すことなど、明らかに不可能です。そもそもここで比較対象として持ち出した「中国文化」なるものは、日本文化にもまして、遥かに訳のわからないものです。ためしに中国の人に「中国ってこうだよね」と言ってみれば、何を言っても「いやあ中国は何でもあるからね。そう断言はできないよ」と、あっさりかわされるか、あるいは逆にきわめて断定的に、その方の個人的な見解を主張されるかといった事態をしばしば経験するはずです。

結局ある明確な文化集団を確定できるような普遍的な基準というものを見出すことは、通常は困難です。それが部分的にでも可能なのは、きわめて意識的に、あらかじめ基準を決めて作られた「人工的」な集団に限られるでしょう。文化集団というものを「あらかじめ存在するもの」として実体化しようとして質的に定義付けを試みたところで、ある文化集団の境界を確定することは、通常は不可能なのです。ここでも境界線は限りなくぼやけていきます。

3-6　まとめ ── ぼやける文化集団の境界線

まとめます。

ある対象が文化として現われる時、その背後に私たちはその文化を担う人々の集団、すなわち文化集団というものを暗黙裏に想定していると考えられました。文化現象は個を越えたものとして現われるのであり、文化集団こそがその現象を生み出す実体的な主体である、という見方もそこからは生まれ得ます。

ところがそのような文化集団なるものを実体として特定しようとしても、その内包も外延も何とも確定しがたく、むしろ精密に確定しようとするほど、逆にその境界線はぼやけていき、ついには見失うという事態が普通のこととして起こります。文化や文化集団なるものなど幻想あるいは虚構にすぎないと考え、逆にそれを固定的な実体であるかのように見る議論を「文化本質主義」と名付けて排斥しようとする主張が生まれるのは、そのような文化や文化集団のあり方を考えれば、きわめてまっとうなことであるとも見えてきます。

では文化というものは、ほんとうに実体性を持たない単なる虚構なのでしょうか。

第4章　文化集団の実体性

4-1　カルチャーショック

次のエピソードを見てください。

【エピソード3】奪い取られる

1993年の夏に、私は自分の比較文化的な研究を模索するために中国に行きました。中国の発達心理学のセンター的な存在である、北京師範大学児童心理研究所（現発展心理研究所）を尋ね、前年に日本に来られた時にお世話をさせていただいた所長に、ご相談に行きました。所長は私を所長室に招くと、ソファに隣り合って座るように笑顔で促し、「もう君は友達だ」などと親しみを込めて歓迎をしてくださいました。

私は幼稚園や小学校など、教育現場を見せていただきたいと思っていたので、その交渉をしようと心構えをしていたのですが、こちらが言いだす前にすっと一枚の紙を渡されました。見ると「日本奈良女子大学（当時の所属）山本登志哉先生訪問スケジュール」という大仰なタイトルが書いてあり、滞在予定一週間の予定がすべてもう組まれていました。○月○日、午前、○○小学校参観、接待人○○、○○で昼食、午後○○（観光地）参観、接待人○○、○○で夕食…といった具合です。

私がお願いしようとしていたことの何倍もの見学が組まれていて、さらには食事から観光予定から書店めぐりまで、あらゆる準備が済んでいて、しかもお土産に至るまで全額出してくださるという、至れり尽くせりの歓迎ぶりで、感激を超えてちょっと度肝を抜かれるくらいでした。

そのスケジュールを見ながら、たどたどしい中国語で話をしていた時のことです。所長が私が手に持っていたスケジュールを、全く何の断りもなく突然にさっと取り上げて、それを見ながら話を始めました。ほんとうに「ちょっと見せて」の一言もなくいきなりのことで、私はびっくりしてしまいました。

あんまり印象の強い出来事だったので、私は日本に帰ってから何度か友人の前でそれを再現して見せたのですが、やはりみんな一様に驚いていていました。

このスケジュール表の出来事を体験したその時、私はまず何か「自分の一部が奪い取られた」ような感覚を持ちました。所有論として理屈をつければ、私の手の中にあるスケジュール表はすでに「私」を構成している一部になっていて、「私の意志」の許にあるべきものだったのに、それがいきなり私の意志とかかわりなく「他者」の支配下に移行したため、自分の一部が奪われた感覚になった、というようなことになります。所有物は自我の延長であるという心理的な「事実」を表わす現象で、所有現象の基本的性格の現われでもあります。

それから私は「自我」というのは文化なんだ、としみじみ思いました。その思いはその後の中国体験や研究の中でどんどん深まっていき、今に至っています。この本の議論もその延長上にあります。「自我」というのは通常自分にとってもっとも内面的で個人的なものだとイメージされると思うのですが、なぜこの体験で私が「自我」は文化だと感じたのか、その理由はこういうことです。

私の素朴な常識では、この所長の振る舞いは、普通であれば私という人格を無視した、とても失礼で横暴とも感じられるものです。礼儀知らずとも言えるでしょう。そのような振る舞いは相手に対する徹底的に優位な支配的立場を誇示するか、あるいは敵対的な姿勢を相手に宣告するような意味を持ち得ます。もし私が同じような状況で同じように振る舞うことがあるとすれば（あまり考えにくいのですが）、いたずら以外にはないだろうと思えます。

ところがこの事態は、全くそういう文脈にはまらないのです。敵対的どころか、すべては大変な好意の中で進行しました。所長はその後中国心理学会の理事長になるような「実力者」で、その影響力はとても大きな方ですが、私の個人的な些細な生活に関してまで気配りをしてくださるような気づかいをその後ずっとしていただき、ほんとうにお世話になり続けました。中国的に（と感じられます）自己主張は強烈なほうではありますが、私に対して何か支配的に接してこられるようなこともなく、むしろ援助に徹してくださいました。

礼儀知らずという評価も全くナンセンスです。たとえば並んで歩いていて、ドアのところに来ると、所長は必ず「どうぞ」と道を譲られます（後で知りましたが、これはお互いにそうやりあうことが中国的礼儀でした。私は気づかずに譲られたことに「感謝」して先に行ってしまいましたが、これは大変に横柄で無礼だったことになります）。少なくとも中国的な基準で礼儀知らずと評価されるような方ではあり得ません。

だとすれば、所長のその振る舞いは、決して相手の人格を無視し、私の自我を侵害する意図がなかったことになります。言い換えれば、そのような振る舞いが相手の自我を侵害するという感覚はそこには存在しないわけです。実際その後の体験の積み重ねでだんだんわかってきましたが、それは敵対や上下関係の表現ではなく、親密感の表現になるのです。ですから同じように相手の身に着けているもの（ポケットのペンなど）をいきなり使うような行動は、立場的には下のものが、特に親しみを持つ上のものに対しても行えたりします。

それは「自我というものがどういう性質のものか」について、かなり根本的なところでの感覚の違いがあることを示しています。ここで一種の自我の融合が起こっており、対象はその時「共有」状態になっているわけです。中国語に「不分你我」とか「不分彼此」（あなたと私で分け隔てをしない）という言葉があって時々使われますが、親しい関係の中ではそれは特に大事な意味を持ちます。そこで日本的な遠慮の感覚に添って自他に線引きをすることは冷たい行為になり、配慮の意味を持たずに関係を悪くすることもあります。

ですから私が自我を侵されたように瞬時に感じたのは、きわめて文化的な私の感覚だったのであり、その感覚は所長には共有されていなかったことになります。自我はそういう行為によって侵害されるものであるという私の「常識」は、決して普遍的なものではなく、ローカルなものにすぎないことになります。言い換えれば、文化的なものだということです。

その「常識」のズレは、生活のあらゆる面で生じます。プライバシーの問題や相手への配慮の仕方の問題、信用の作り方の問題、トラブルの解決の仕方の問題など、自分が生きていくうえでとても重要な意味を持つ部分で、次々にズレが生じ得るのです。そして私の自我はそのような「常識」に支えられて初めて成り立つもののわけで、異なる「常識」は、また別の自我を成り立たせていることになります。自他の線引きも文化によって違い、何が自我の侵害になるかも文化によって異なるのです。すなわち「自我は文化だ」ということになります。体験の瞬間にそこまでの理屈を細かく考えたわけではありませんが、直観的にそういう理解を持ち、「文化としての自我」に思い至ったわけです。

違う社会に入って生活をしてみると、そのように常識が成り立たない、あるいは常識を無視されると感じる経験が積み重なってきます。常識が通用しない状況は、この事例にあるように、「自我が侵される」など、自分自身が成り立たなくなるような体験になることが少なくありません。当然そのような体験の積み重なりは、心理的な危機状態も生んでいきます。これがカルチャーショックと言われる状態の基本的な仕組みと考えられます。

このような事態は、「外国で暮らす」といった大きな出来事に限らない一般性を持ち、ある集団から異なる集団に移動（移行）した場合には多少なりとも普通に起こることです。新しい職場で仕事を始める、違う地域に引っ越す、進学して新しい学校生活が始まる、サークルに入る、婚家に嫁ぐなどなど、集団間を移動する時には多かれ少なかれ自分の「常識」が通用しなくなる体験が生まれ、時に精神的な危機をも体験します。カルチャーショックはその一部として、その中では割に大きな、そして比較的深刻になりやすいケースということになるでしょう。

【コラム1】謝罪の文化論

ある時、私の共同研究者で当時神戸大学の大学院に在籍していた中国籍朝鮮人の片成男さんとのあいだに、こんなことがありました。その時、私は緊急に片さんにFAXすべき書類があったのですが、彼の周囲に肝心のFAXが無かったのです。いろいろ方法を考えましたがどうにもならず、最終手段として、既に帰宅されていた寮母さんに無理をお願いし、そのご自宅のFAXを使わせていただくしかないということになりました。

もちろんこの手段は、私にとって大変に気が引けるものでした。なぜなら寮母さんの自宅という、完全に私的な領域に、寮生の個人的な要求を強引に持ち込むことになるからです。そこで私は片さんに「本当にご迷惑をかけたと、よく寮母さんに謝っておいて」とくり返し頼みました。ところがそういう私の配慮が、片さんには強い違和感を生んだのです。「なぜ〈ありがとう〉ではなく、〈すみません〉なのか」というのです。それまで併せれば1年以上中国に暮らしたことがあり、中国人とのつきあいも少なくない私も、言われて初めてなるほどと思いました。

今回の寮母さんへの要求が「(多少なりとも)無理なお願いであった」という点は、お互いに認識が一致しています。その無理をあえてお願いしたことについて、私は「申し訳ない」と思いました。それは非常事態でやむを得なかったことであり、基本的にそういうことはくり返してはならないと考えるのです。ところが片さんは、その無理をきいてくれたことについて「ありがたい」と心から喜んでいました。困ったときにお互いに助け合うような信頼関係がそこからできると考えるのです。

「相手の領域にやたらと踏み込まない」「一歩引いたところから相手に気を使う」「自分の方から明確な要求を突きつける形を避け、相手の方から気づいて自発的に配慮してくれることを期待する」といった、自他間の〈距離化〉を重視した関係の作り方は、実は友達関係から親子関係、師弟関係（教育思想）、政治システムなど、日本社会の極めて広範な領域に一貫して見いだすことのできるものであると私は感じています。それが、欧米的な個人主義とは異なる「日本的な個人主義」の実態だと思えるのです。

社会の個人主義化が要求される近代市場経済システムを日本がアジアに先駆けて導入できたのは、その日本的な個人主義感覚に翻訳して欧米的個人主義を導入できたからであり、逆に言えば、市場開放を本格的に求められて以降日本社会が世界的な個人主義の標準に対応しきれなくなっているのも、同じく日本的な個人主義がずっと息づいているからと思えます。それは自己主張をしない抑制的「個人主義」で、そもそも欧米的な個人主義とは根っこの感覚が異なるからです。

その日本的な「個人主義」故に、アジアからの留学生の多くが日本人に「とても親切だが冷たく、本当の友人ができない」という矛盾した印象をもつことにもなります。逆に中国の漢民族や朝鮮族の人々は、「お互い相手の領域に踏み込んで関係を深める」ことを重視するのです。

この正反対の人間関係の論理、そして倫理が、上のエピソードにも象徴的に現れているわけです。「謝罪」はこの場合、〈距離化〉の原則に反して他者の領域を強引に侵してしまったことに対する、私の日本文化的な罪悪感に発するものでした。

もうひとつ、片さんが日本人の「謝罪」について面白い例をあげています。それは「電車で足を踏まれた時、踏まれた方も謝る」という現象です。片さんによれば、彼が中国で日本語を学んでいたとき、日本人の興味深い行動として授業の中でも取り上げられていたといいます。

ではなぜこのとき、日本人は被害者の方が「謝罪」するのでしょうか。もちろん、ここで被害者の方が本当に自分が悪いのだと思っているわけではありません。だから仮に加害者たる相手が自分の非を認めずに、逆に被害者を責めるような事態になれば、被害者は強い憤りを感じるでしょう。またその光景を見ている周囲の人間も、同様の感情を抱くはずです。

実はこの被害者の「謝罪」は「本当は悪くない自分でさえ、少しの過ち（たとえば相手の足下に自分の足を出していたかもしれない）に対して謝罪しているのだから、当然一番大きな過ちを犯しているあなたも謝ってください」という意味なのだと片さんは考えました。確かにそう考えると、たとえば学会のパネルディスカッションなどで、誰かが自分の発言時間を守らずに全体のスケジュールを狂わせたときなどにも、司会が最後に「私の不手際で時間が足りなくなりましたことをお詫び申し上げます」と不自然なくらい謝る現象も、同種の「批判」として理解できるようになります。

この例に示される日本人の対立解消法は、ある意味では非常に成熟したものでしょう。なぜなら、たとえ一見すれば加害と被害の差が明確である事態でさえ、一方的にどちらが悪いという判定を下すことを避ける態度がそこにはあります。それは、相手の人格を最後まで否定せずに関係を修復しようという穏やかな態度とも言えます。

そのような日本的対立解消法は、当事者をとりまく周囲の人間にまで及び、独特の空間を生み出しています。すなわち、誰かが対立関係になったとき、周囲の人間は基本的にはその対立の場から身を引き、やや離れたところから見守る姿勢をとるのです。たまさか当事者の一方が自分に接近し、相手方の非を訴えてきたとしましょう。訴えられた人間はその当事者の気持ちが収まるように話を聞いてあげることは大事と考えます。けれどもそこで自分自身が是非の判断をして一方に加勢し、当事者化することは、たとえその相手が親友であってすら例外的と言っていいでしょう。

ここで最重要視されるのは、荒ぶる心を静めることであり、対立を長引かせないようにすることなのです。事の善悪を明確にすることは二義的な意味しか持ちません。むしろ善悪判断を行うことについては、本居宣長のように徹底した否定的態度を思想化してきたりもしてきました。いずれにせよ「過度」に善悪を言い立てることは、関係修復の努力を無にするものと感じられ、自己の主張をどこかで〈曖昧化〉あるいは〈流動化〉することで、柔軟にバランスを取り戻せるようにすることこそが求められるわけです。それはそれで他者の絶対的な否定を避け、共存へと向かう一つの知恵とも言えるでしょう。

このような対応は、中国の漢民族の中で喧嘩が起こったときと実に明確な対比をなしています。中国では道ばたで喧嘩が生ずると、すぐに黒山の人だかりができ、双方の言い分を聞きます。夫婦喧嘩でさえ時に公道に出て行われ、近所の人々にお互いの是非を問う、という話をしばしば見聞きするのです。周囲の人間もそれを聞いて是非を判断し、必要に応じて加勢します。教育の中でも「是非・善悪を明確にし、原則を確認すること」は非常に重視されています。明確な是非判断の上に立って、あとは現実的な妥協と寛容による関係修復が試みられることになるのです。

人間関係に関する両者の倫理観がほとんど正反対と言っていいほどに異なっているものであることは、

もはや明らかでしょう。一方では加害と被害の関係を明確にすることが求められます。それはお互いの関係を調整するために原則を明確化しようとする努力です。相互のそのような努力や闘いを通して確認された原則は、当然にそれぞれが守っていかなければいけません。もちろん現実的な妥協はある（というよりも、妥協を重視することについて、中国の人は私たちの想像を遥かに超えて「大人」です）。だがそれはあくまで、原則の確認を前提にした上での妥協ないし融通です。その大事な原則を破ることは、人間としての基本的な信頼を侵し、寛容を裏切る極めて非倫理的な行為になってしまいます。

他方、日本は「お互いの謝罪」を重視します。「自分にも悪いところはあるが」という枕詞を入れずに相手を批判することに対しては、極めて不寛容な文化を我々は持っています。そこで被害者に望まれている態度の一つの典型は、「私も悪いのです」と自己主張を抑えつつ惨状を静かに訴え、同情してもらう形でしょう。

ところが逆に被害者がその被害を回りに強く訴えていこうとするとどうなるでしょうか。被害者からの「一方的な主張」は自己の立場の絶対化を含むことで〈曖昧化（流動化）〉の原則に反し、関係修復を妨げ、場を破壊する行為と考えられます。またそのような「一方的な主張」は、〈距離化〉の原則にも反して周囲の人間を強引に巻き込み、対立を拡大する危険な行為と考えられます。

そのような主張もある範囲では「荒ぶる心を静めよう」とする配慮によってやわらかく受け入れられるのです、にもかかわらずその主張が止まなければ、それはもはや許し難い行為と見なされ、その主張の当否自体には全く関係なしに強く排斥されるに到ります。これは日本的関係の中で最も基本的な「倫理的反応」のひとつと言ってもよく、井戸端会議から職場や大学で言えば教授会まで、非常な安定性を持って、我々の日常生活の様々な側面に見いだされると思います。

このように異質な感覚の者同士がそれと気づかずに出会うとき、お互いに関係を修復しようとして行う行為が、逆に相手の不信感を生み出していきます。お互いの基本的な人間関係の感覚を知らないことによって、いろいろなところで無用な軋轢が生まれ、エスカレートしていくのです。私たちは文化を含むディスコミュニケーション分析という形でこの問題にも取り組みましたが（山本・高木 2011）、文化研究が取り組むべき実践的な分析課題の一つではないでしょうか。


（本コラムは山本 2001 を加筆改稿したものです。）

4-2　線が壁になるとき

さてそのような、場合によっては自分の存在をも脅かされかねない深刻な危機を繰り返し体験し続け、大変な苦労をしたという実感を持つものにとって、文化というものは強烈な実体性を持って立ち現われています。ですから、他の人にもその苦労を理解してほしくて、文化の違いがどれほど強烈なものであるかを語ろうとします。同じような経験をした人には通じやすいことですが、そうでない人の場合はなかなか実感を持って受け止めてくれないこともあります。

それどころか、文化差を強調した主張に対しては「文化などというものは虚構にすぎない」という議論を持ち出されることもあります。実際前章で見たように、文化集団の実体性などというものはきわめてあいまいで、理屈から言えばそれを虚構と判断してもおかしくはないような現実があるわけです。けれども実体験で「文化差」に言い知れぬ苦労を重ねた人間からすれば、単に文化の虚構性を言うだけの議論は空論にも感じられてしまうのです。

理屈で詰めると虚構性が明らかになるように思えながら、実体験としてはそれとは全く逆の強烈な実体性を文化や文化集団は感じさせます。この矛盾の正体は、いったい何なのでしょうか。文化集団の実体性を考えるのがこの章の目的です。

少し回り道をします。下の写真を見てください（図4-1）。

特に変わったこともない道路の写真ですが、ここでは（車道）中央線に注目してください。これはもちろんこの線を境に、進行方向左側を車が走るように指示している線です。場所によってはガードレールなどを用いて中央分離帯を作っているところもあります。

さて、中央分離帯と中央線の違いは何かと言うと、

図 4-1　中央線
http://commons.wikimedia.org/wiki/File:Uchibori-street,iwaida-bashi,chiyoda-city,japan.JPG　（山本加工）

分離帯は道路の片側を通行し、反対車線に進入しないように、「物理的な線」を引いて壁を作っているのに対し、中央線のほうはその気になれば侵入可能な状態で、ただ路面に描かれた線でそこを踏み越えないように指示をしているだけのものだということです。前者はいわば物理的に、実力で越境を阻止しているのに対して、後者はいわば心理的に、理念で越境を止めようとする記号にすぎません。

その意味でこの線は交通規則という約束事に基づくだけの、虚構の「壁」と考えることができます。

実際この線が意味し得ることは社会によっても異なったりします。たとえばアメリカに行けば、この線は「進行方向の右側を走りなさい」という指示を表わすものになり、日本のそれとは正反対の意味になっています。それは単なる約束事であり、その限りで恣意的であり、物理的な実体性は伴わない虚構と見なすことは不可能ではありません。

しかし、その虚構を虚構にすぎないと無視すると何が起こるでしょうか。図4－2の写真のようなことがあり得るわけです。

図 4-2　交通事故
http://usa1961.com/?page_id=131（山本加工）

線は虚構ですが、結果はきわめてリアルです。

4-3　お金という虚構の力

もう一つ、図４-３の写真を見てください。

一万円札の製造コストは一枚当たり20円程度のようです。もちろんそれが経済取引では額面通りに一万円として機能することになります。製造コストと比較して考えた場合は、その価値は明らかに虚構です。

実際には物としては単なる紙切れにすぎないものが、社会的な実生活の中ではきわめてリアルに巨大な働きをする道具になっています。その価値のリアルさは、たとえば目の前で一万円札を燃やされるようなことがあれば、強烈に実感されるでしょう。それは単なる紙切れを燃やされる体験とは全く異質です。虚構の価値が、私たちの情動を掻き立てるようなレベルでリアルに立ち上がってくるわけです。

逆に貨幣の虚構性は、こんな場合に顕わになります。図４-４の写真を見てください。

図 4-3　札束
http://www2.toho-movie.jp/movie-topic/1110/03kaiji2_kh.html
（山本加工）

上は1922年から翌年にかけて生じたドイツのハイパーインフレーション時代の写真です。マルク紙幣が文字通り紙くずとして扱われている、ちょっとショッキングな様子です。もはや貨幣の「虚構の価値」はほとんど意味を失っていることがわかります。下は最近の事例で、2008年にジンバブエで発行された100兆ドルの額面を持つ紙幣です。ネット上では今（2015年6月）は1枚3000円前後で売られたりしていますが、これももちろん珍しい「物」としての扱いで、すでに本国でも通貨としては通用しません。

特にそういう危機状態でなくても、私たちが貨幣の虚構性を身近に実感できる場面もあります。それは初めて行

図 4-4　ハイパーインフレ
上：http://www.kanekashi.com/blog/2013/12/2087.html
下：http://item.rakuten.co.jp/kure-coin/10000430/

く外国で、そこの国の貨幣を手にした時です。何となくおもちゃのお金を持っているような感覚に襲われ、およそ価値あるものとして見えてきません。ところが面白いことに、それを使って買い物などを繰り返すうちに、だんだんとその貨幣に価値を感じるようになってきます。虚構の価値が実体化していくプロセスです。

中央線という虚構のツールは、それを人々が規則通りに運用することで私たちの交通実践を成り立たせています。物理的にはそれを無視することは可能ですが、しかしそうすることについては強い心理的な抵抗感が発生します。内的なサンクションのシステムがそこには成り立っています。またあえて無視した場合には、「交通違反」として国家権力による強制的な処分の対象になり得ます。すなわち外的なサンクションのシステムが作られています。さらに図4-2のように、規則からの逸脱によって順調な交通実践が破綻するという事態に直面することになり、深刻な場合には人々を死に至らしめます。

貨幣も同様です。本来それ自体には価値がないものが、あたかもそれ自体が価値物であるかのように現われ、人々がその価値の感覚によって経済的実践行為をし、それらの実践によって経済的なシステムが機能します。何らかの原因でそのような貨幣の価値の幻想性・虚構性が顕わになってしまうと、もはや貨幣は貨幣としての機能を果たせなくなり、経済システムも破綻します。その結果人々の暮らしも破壊され、生命の危機に直面したり、あるいは戦争状態を引き起こすことすらあります。

貨幣（紙幣でも金属貨幣でも電子マネーでも、形態は何でもかまいません）をツールとする経済的実践は、本来価値のないものにみんなが価値を感じるという、一種の集団催眠のような状態が成立することで成り立ちます。それによって社会経済が機能し人々が生きているわけですから、その虚構を崩すことができません。そこには「信じる者は救われる」とでもいうような状況が成り立っており、それゆえそのシステムを揺るがすような行為、たとえば偽札作りは、殺人に次ぐレベルのきわめて重い刑罰（刑法148条：無期または三年以上の懲役）によって、国家権力によって抑制されます。

また人の社会では、そのような一種の「虚構」に人生をかけるような行為が行われているわけですから、安心してそのような社会的実践行為が行えるためには、その「虚構」を信じられる「信用性」が重要な要件になります。これも現在は国家権力がその信用性を担保する主体になっています。商人が信用を重視し、その経済活動のために権力者を必要とする理由でもあります。そのように「虚構」のツールが「実体」として機能するように、人々は内的外的なサンクションのシステムを作り上げ、常に維持再生産しているのですし、そのことによって初めて人間社会が機能していることになります（サンクションを組み込んだ法的行為の構造表現については川島（1972）が参考になりました）。

4-4　社会的実践と機能的実体化

この仕組みは、一種のゲームとして説明することも可能です。ゲームはあるルールに基づいて参加者がプレイ（実践）することで成り立ちます。そのルールは明らかに人が作り上げたもので、参加者が合意すれば任意に変更することも可能ですし、あるルールがそうでなければならないという物理的な必然性も通常想定されません。その意味で、全く主観的で恣意的なもの、いわば虚構です。

にもかかわらず、人がそのゲームという社会的な実践を実現したければ、ルールに従うよりなく、そこに恣意性は許されなくなります。サッカーは手を使わないというルールによってサッカーとして成り立つのであり、それを外せばラグビーに変化してしまい、サッカーという社会的実践行為は崩壊してしまいます。違反者に対しては何らかの制裁が与えられ、また参加者には順法の感覚が成立し（違反行為もその感覚を前提に成立）、人々の行為は内的・外的サンクションによって方向づけられます。こうしてルールはゲームに参加する人にとっては恣意性を持たず、逆に自らを支配する絶対的な存在として、あたかも物理的実体でもあるかのように、客観性を持った様相で立ち現われてくることになります。

このような構図の中で虚構が実体化することを、私たちは機能的実体化（functional substantialization：Yamamoto et al. 2012）と呼んでいます。他の類人猿には見られない、高度な人間の社会システムを可能にする独特の仕組みと言えます。言語の恣意性と実体性の関係もまた同質のものと考えられますが、それらに通底する、ヒトを人たらしめている一般的な仕組みがそこに想定されます。それだけをみれば単に主観によって恣意的に生み出されたものと見える対象が、人々の何らかの相互作用（社会的実践）を成り立たせる要素として共有されたときに、その関係の内部では個々人の主観を超え、かえってそれを外部から規定する実体的な要素として、客観的なものとなって現われるわけです。

すでにここで想定されている議論の筋はおわかりの方もあるかと思いますが、虚構である文化や文化集団が実体化する仕組みは、この機能的実体化の仕組みによると考えることによって、その虚構性と実体性が矛盾なく説明可能になるわけです。本書はこの意味で、文化や文化集団が実体化すると考えます。有名な「(我）思う、故に我あり」をもじって言えば、「(共に）行う、故に文化あり」というような構造です。ただしデカルト的な我は、さらに突き詰めていってその与件的な実体性を否定する議論が成り立ち得るように（たとえば西田 1911 や仏教的無我論)、文化の固定的な実体性を否定することも可能です。その実体性は、それを前提に成り立つものです。

4-5　まとめ —— 規範的要素の機能的実体化

まとめます。

文化現象の背後にはその主体としての集団が現われるようでいて、いざその集団は何なのかと確定しようとしてもあいまいで不明確であり、文化集団などというものは虚構にすぎない、という見方も可能なところ、しかし文化体験の中ではきわめてリアルに、自己の存在をも揺るがしかねない形で文化が現われる実体性もまた否定できませんでした。

とはいえ、そこで問題になる実体性は物理的な対象が存在するような、そういう実体性とは考えられず、人が他者と共に行う社会的な実践行為の中で、その相互作用を規定する規範的な要素として現われました。それは人と人の間の明示的な、あるいは暗黙の合意によって成り立つルールのようなもので、その内容は恣意的に決め得るという点で、主観的な虚構にすぎません。

しかし人々がそのルールに沿って活動することで、初めて集団的な活動が機能するようになります。そしてそのような社会的実践を実現しようとする限り、行為者はその虚構のルールに従わなければなりません。そこでは恣意は許されず、人々がむしろそのルールに支配される構造が生まれます。この時、この規範的な要素は個人の意思を超えて、外部から自分を規定する客観的な主体的要素として、実体化して現われることになります。

このように社会的な実践を機能化させるような形で規範的な要素が主体化し、実体化して現われることを、ここでは機能的実体化と呼びました。ここで文化や文化集団は、虚構でありながらなおかつ客観的な実体として、私たちの前に現われることになります。

ただし、文化集団の実体化は、機能的実体化の仕組みのみでは十分に明らかになりません。すでに第2章で「他の集団とは異なる独自の共同性」が集団を文化集団とする、という現象に言及しました。ではどのようにその「独自の共同性」が立ち現われ、集団を文化集団として実体化し、機能させるに至るのか。次章では、そのように文化集団が立ち現われるプロセスについて論じます。

第5章　文化集団の立ち現われ

5-1　逸脱が文化差となる時

次のエピソードを見てください。

【エピソード4】性格か文化か

私が大学院生の頃、学生でつくる発達心理学研究会に一人の女性韓国人留学生が参加してきました。彼女の日本語は、発音にはやや違いがあるもののきわめて流暢で、その点でコミュニケーションは研究上も何の問題もなく、全くスムーズでした。

しかし付き合いが続くにつれ、何となく違和感が強まっていき、そのことについて他の日本人のメンバーの間で時々話題にもなりました。議論をしていても、普段の付き合いでも、何か言い方が非常にきつく、場合によっては攻撃的に感じられるのです。

最初は日本語の婉曲表現が外国人にはむずかしいからだろうという解釈が支配的でした。あれほど日本語が上手でも、そこはまだ、なかなか習得されないのだろうということです。

けれどもさらに時を重ねても、彼女には一向にその点での変化は見られませんでした。どうやらこれは、日本語の会話能力の問題ではなさそうだという話になってきました。そして今度は「あの人、かなり性格がきついんだね」という理解が、私たちの間に共有されていきました。

その後、せっかく韓国人の友達ができたので、一度研究会で韓国に遊びに行ってみようということになりました。全員が韓国は初めての経験で、言葉も通じない中を、見るもの聞くもの新鮮に感じながら旅を続けました。いろんなことに驚きました。プサンでバスに乗ると、席についている子どもたちがなんだかそわそわしていました。そして停留所に着くと、一斉にドアのほうに注目し、年長者が乗ってくると、あわてて席を譲っていました。老人もまた、尊重されることを当然として振る舞っていました。

また同じバスの経験ですが、その運転がびっくりするくらい乱暴でした。急停車して、座っていた乗客が前に投げ出されるようなことすらありました。長距離バスに乗った時には、途中トイレ休憩で停まると、いきなり男性が乗り込んできて、にこりともせず前で激しく演説を始めました。ちょうど朝鮮民主主義人民共和国のアナウンサーの、腹に力を入れたあの戦闘的な雰囲気の独特の言い回しにそっくりでした。ところが実はそれは政治的なものでは全くなく、単に商品を宣伝して売ろうとしているだけでした。

ソウルの明洞では客引きが激しくて、私の友人は強く腕をつかまれて無理やり店に引き込まれそうになり、腕にちょっとけがをしたくらいでした。とにかく世の中全体が激しく、いろいろ主張しあいながら生きているという強い印象を持ちました。

そんな経験を経て、留学生に対する評価はまた一変しました。あの物言いのきつさは彼女の性格ではなく、韓国の文化なんだ、という理解が広がったのです。彼女はソウルで結婚して婚家での生活を始めましたが、話を聞くと「嫁」の扱いはとても厳しくて、朝一番で起きて夜最後に寝て家族に尽くすことが当然、という状況を、「大変だ」とは言いながらも受け入れて生活されていました。そういう状況に従順に耐えて生きるように見える姿と、他方で厳しく自己主張をするように感じられる姿と、そのバランスの取り方がよくわからずに、その後長く「韓国文化の不思議」のひとつとして心に残りました。

一人の韓国人女性留学生の話し方について、対象としては同じものなのに、それがいったい何なのかについての理解がだんだん変化して、最後は文化差に落ち着くという展開になっています。

出発点は、コミュニケーションの仕方をめぐる「違和感」です。「こういう時はもっと柔らかく、婉曲に言い、あまりダイレクトに相手を否定するような表現は避けるだろう」と思えるところでも、彼女は非常にストレートに、相手の欠点と思える部分をついてきたりするわけでした。それは、私たちがみんなある程度共有していると思っていた「常識」から外れるような逸脱行為に感じられたわけです。何がその逸脱を生んだのか —— 社会心理学的に表現すれば、その逸脱の原因帰属が問題になっています。

もし彼女が日本人であれば、おそらく最初から「この人はなんて性格のきつい人なんだろう」というところに話がいっただろうと思います。ただ、彼女は明らかに外国人でしたから、すぐにはそこに話がいかず、まずは「外国人」という条件が考えられ、語学力の問題に原因が帰属されたのでした。逸脱は彼女個人に責任があるのではなく、単に経験の差による偶然的な出来事と考えられたわけです。

そうやって一応本人以外の要素に可能性が求められた後、やはりそれでは説明しきれなさそうだという理解を経て、改めて個人の性格に原因が帰属されました。つまり逸脱の責任が彼女個人に求められるようになったわけです。ところが私たちが韓国現地を訪れ、そこでの人間関係を直に体験することによって、再びその「逸脱」が彼女自身の問題として帰属されるのではなく、文化に帰属され直すことになりました。

そうすると、ここで彼女の振る舞いを単純に「逸脱」とも言えなくなります。なぜならそれが逸脱であるというのは、「私たち」の常識や感覚に基づいての判断なのであり、韓国の人間関係という全く異なる文脈の中で「あなたたち」の常識や感覚に基づけば、それは「逸脱」どころか「常識」である可能性を感じ取ったからなのです。

これと同じような構造は、他のエピソードにも見出すことができます。エピソード1では木の前に黙って立ち尽くすおじさんを見て、私は強烈な「違和感」を感じ、統合失調症の一症状さえ疑ったのでした。それは明らかに、「正常からの逸脱」と感じられたのです。ところが知人からそれが気の思想にもつながる民間健康法の一種であることを聞き、その違和感のある、すなわち私にとっては逸脱した行為と見えるものが、実は多くの「あなたたち」に歴史的にも共有された文化的な行為として、その中での「常識」として、瞬時に位置づけられ直しました。

エピソード3では一言の断りもなく、他人の手の内にあるものをさっと取って使う、というような振る舞いが私には強烈な違和感を生み、大きな逸脱と感じられた後、相手のほうはそれを逸脱と感じる可能性を想定しがたいことに思い至ったことや、他の中国の方たちの振る舞いなどとの共通性を感じることで、やはり個人的な逸脱の問題としてではなく、「私たち」と「あなたたち」の文化の違い[4]として原因が帰属され直しています。

5-2　差の認識から生み出される文化集団

このようなプロセスで、私の前には「私たち」とは異質な「あなたたち」の文化が立ち現われてきています。第2章の概念を使えば、そこに私は「共同性の差」を見出したことになります。そしてその「あなたたち」というものは、当然にひとつの「集団」として立ち現われてくるのです。

ここでとても重要なポイントを確認しておきたいのですが、私が自分にとって違和感のある、自分の常識には当てはまらない異質なものを相手や対象に見出した際に、私はその背後に「わたしたち」とは異なる「あなたたち」の世界を感じ取りました。けれどもその「あなたたち」は、明確にその範囲が特定された具体的な集団ではなく、何となく個別の経験を通して、私たちにはない異質なものを共有する「あなたたち」のつながりを感じ取ったにすぎないわけです。

エピソード1で言えば、それは「数千年の伝統を持つ中国の気の文化」を共有する人たちでしたが、そう感じるために私が経験したのは公園で見たほんの数例と、そして知り合いからの解説だけです。もちろん私が過去にさかのぼってその気の文化の「集団」全員に接触して確かめることは不可能ですし、未来についても同じです。そんな可能性は最初から原理的に与えられていません。エピソード4で言えば、その留学生の話し方を「韓国の文化的特徴」と決めつけたわけですが、これもまた別に調査してそこから導き出した結論ではなく、単に自分の限られた経験を一般化してそう感じただけのことです。ですから、それは簡単に偏見にもなり得る可能性を持っています（実際、後にエピソード8で韓国文化に対する全く正反対のイメージが湧き上がる事例をご紹介します）。

なぜそういう「過剰な一般化」が起こりやすいかと言えば、第3章で見てきたように、そもそも「文化」の立ち現われ方がそういう性格を持っているからだと考えられます。「文化集団」の外延をあらかじめ特定することは基本的に不可能なのですから、そこから全数調査やサンプル調査によって帰納的に文化集団の特徴を導き出すということは不可能なことです。もともと文化は明確な実体を持った「文化集団」から導き出されるのではなく、人々が個別具体的な相互作用経験から、自分とは異なる常識（共同性）を相手に感じ取り、その異質な常識（共同性）を共有する人たちのつながりを予感することで、何となく感じ取ったものにすぎません。

ただし第4章で見てきたように、常識というものはルールとして人々の行動を規範的に方向づけることで、現実にある集団的な実践活動を可能にする力を持っています。ですからそこにズレがあると違和感が生まれ、実際相互作用がうまくいかなくなるわけです。それは当事者にとっては切実な問題になりますから、何とかその状況を克服するように調整の努力をする必要が出てきます。そして「文化集団」というものは、エピソード4にもあるように、お互いの相互作用に何かしら違和感が感じられた場合、そのような調整（ただしここでは実際の行為のレベルではなく、理解の仕方の調整）の過程で意識され、実体として生み出されてくるものだということが見えてきます。違和感を通したお互いの

個人レベルの「差」の認識が、集団の差の認識へと構造化されていくことで、お互いの関係調整の模索が行われるわけです（図5-1）。

実際このような理解の仕方は、それ自体がとても実践的な意味を持っています。たとえばエピソード4のように留学生の話し方が多少なりとも問題視された場合に、その原因を日本語の習得レベルに帰属した場合は、さらなる日本語の習得に協力する、といった対処が選択されることになります。しかしそれが相手の性格に帰属された場合は、性格というものはそんなに簡単に変化するものではありませんから、相手に注意をしてより常識的な方向に調整するよう促すか、あるいはそこはどうしようもないものとしてその性格を前提に付き合い方を変えるか、そんな対処が選択されていくでしょう。このいずれの場合も「わたしたち」が持っている「常識」という規範的なもの自体は疑われることなく、そのまま承認され、それを前提に相手の行為をどう扱うかという形で問題が立ち現われてきます。

けれども、仮にその違和感やさらにはコミュニケーションの不全状態の原因が、文化の違いによると考えられる場合にはかなり対処法が変わってきます。そこでは今度は「わたしたち」の常識

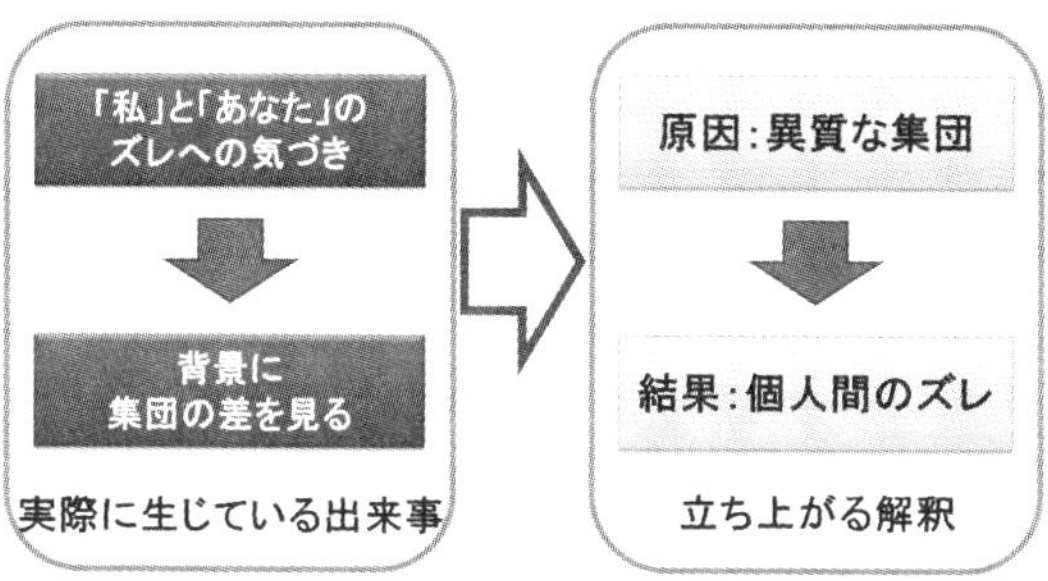

図5-1　個人レベルのズレが異質な集団を実体化する過程

を普遍的な基準として相手にそのまま要求することができなくなり始めます。相手には相手なりの独自の論理があることが見えてくるからです[4]。当然そこで「わたしたち」の常識という規範自体が相対化されるということが生じます。この場合の対処法としては、それでもなお自己の常識を相手の常識より優れたものと考え、相手を権力的に、あるいは暴力的に従えようとする対処の仕方も存在しますが、他方では相手の論理を尊重したうえで関係調整を図る対処の可能性も出てきます。

【コラム2】文化の実体化が多文化教育に持つ実践的な意味

文化集団の虚構性の面のみを強調することは、それが差異の否定や普遍性の押し付けに結びついた場合には、たとえば教育の現場で深刻な問題を引き起こしかねません。

人は常に何らかの常識を持って生きていますが、その自分の持つ常識がどの範囲までの人に共有され、通用するかということについては意識しないのが普通です。基本的には、自分の常識は相手にも共有されていると暗黙裡に思っているから相手と素朴な感覚でコミュニケートすることができます。

そして人は、自己の視点を相対化することは基本的に苦手ですから、差異を否定して「同じ」を強調してみても、ほんとうの意味で相手を尊重することにはならず、結果として単に自己の視点を押し付けるだけになる危険性が高まります。少数側のほうは押し付けられることでその差異を常に意識させられ、苦しむのですが、多数派のほうは自分にとって自然な感覚で生き続けられるのですから、差異には気づかないか、気づいても大したことではないと高を括る可能性が高くなります。

仮に教師の側が自分の常識の限界に気づかず、それを相対化できないままである場合には、それとは異質な論理を持つ子どもが現われた時には、単に「逸脱した子ども」としてしか見られなくなります。その場合の対処は、一方的な「矯正」というスタイルが基本になります。ところが子どもは子どもで、それまでの生育環境から自分のやり方が普通で、常識に沿ったものだと感じているわけですから、それを否定されることに戸惑わざるを得ません。

結果的にそのような教師による「善意の矯正」は、子ども自身にとっての自然な感覚に基づいた主体的な価値判断を否定する意味を持ってしまいます。この状況が押し付けられ続けると、子どもにとって価値基準は理解困難な外から不自然に押し付けられるだけのものになりやすいわけです。当然子どもは自分自身の価値基準を主体的に育てていくことがむずかしくなり、逆に外から与えられた「逸脱者」としての自己イメージが肥大化していく可能性が高まります。やがてその自己イメージに居直らざるを得なくなれば、その子どもは異文化社会の中で「不良」として生きるよりなくなるわけです。

しかし教師が同じような行動スタイルを持った子どもを複数担当するようになると、その子どもの行動は単なる逸脱ではなく、別のコミュニケーションスタイルなのだということに気づく可能性が高まります。そこに教師の側が自己の常識を相対化し、それとは異質な子どもの常識をそれはそれとして認めたうえで、再調整を図る可能性が出てくるわけです。

とはいえ、私も現場の声を伺ったことがありますが、一つの例を挙げれば、日系ブラジル人の子どもが学校にピアスをしてくることが問題になることがあります。そこでその人たちの文化的感覚を尊重しようとすると、今度は日本の子どもたちにそれを許していないという姿勢が保てず、学校関係者は大きく悩むことになります。フランスでも、公教育にイスラーム教徒の女生徒がスカーフ（ブルカ）をしてくることを認めるかどうかが大問題になりました。イスラーム教徒からすれば、その禁止は社会的慣習や信教の自由の否定ともとれますが、フランス革命後のフランス社会にとっては、スカーフ着用はその信教の自由をも保証する政教分離の原則を否定する行為として理解されます。フランスは政教分離原則が厳格な社会ですが、公教育に宗教性を持ち込むことは、その原則を破ることになるようです。

この例にもよく表われているように、相手の基準を尊重し、認めることは、今度は自己の基準を否定することになってしまうことはよくあることです。当然、その両者の調整は決して簡単な問題ではありません。

お互いに距離をとって棲み分けが可能な状態であれば、異なる基準を持った者同士が相手に干渉しない形で棲み分け、共存することも可能ですが、世界を共有して生きなければならない状況では、相手の肯定が自己否定につながり、自己の肯定は相手の否定につながる、といった事態は容易に起こり得ます。世界中で同種の問題が生じており、どのような解決が可能なのか、さまざまな模索が続けられなければならない問題のひとつです。

その模索の視点のひとつとして、文化の実体性に改めて目を向け、それが実体化する仕組みに注意することに意味が出てきます。少なくとも相手を単に抽象的に個人として見るのではなく、その人なりのあり方で他者とのつながり方を具体的に作ってきた、文化的な個人として見ること、しかもその文化を固定的な実体として見ず、そのつど具体的な個々の相互作用の中で生成していくものとして見ることによって、少数派に我慢を押し付けて問題を制度的、権力的に一方的に「解決」したことにしてしまうような事態におちいることなく、個々人の身近な具体的生活の中の相互作用の見直し、もう一段柔軟性を持った対処を模索するという可能性も出てくるからです。

差異を個人の問題としてではなく、集団間の固定的な差の問題としてでもなく、「個人が持つ共同性」の問題として心理学的に見ることの実践的な意味が、そこにあるだろうと思います。

5-3 原因帰属と関係調整法

次にこの調整の仕方について、原因帰属の仕方という観点から簡単に図式化して整理してみます。

自分から見て相手の行為が逸脱と感じられた時、それをその相手個人に原因があると見なすか、あるいはその人を含む、もう少し大きな「集団」の共通属性と考えるかで、相手の人に対する対応は変わります。さらにその相手の人の集団（あなたたち）にとってその行為が逸脱なのか、それとも常識的な振る舞いなのかについての理解の違いもまた対応の差を生みます（図5-2）。

個人に原因があると見なされ、逸脱者とラベリングされれば、まずは「正しい常識」に向けてその相手を矯正しようとする試みがなされるでしょう。そしてその矯正の試みがうまくいかない場合は、無視をするようになるか、それが不可能なら相手を排除する方向に進むでしょう。

相手のその行動が単にその人個人の問題ではなく、同じような傾向を持った人々の集団の一員であると理解された場合には、二つの可能性が出てきます。そして対立関係は個人レベルではなく、集団間の問題として、集団間の緊張関係に至る可能性が出てきます。

二つの可能性のひとつは、その「あなたたち」も自分たちと同じように常識を理解していると思える場合です。たとえば何らかの集団が「自分たちは犯罪をしている」という意識を持って犯罪行為をしており、その点の認識は両者の集団で共有されている場合や、そこは共有されていることは間違いないと少なくとも一方には信じられている場合などがそれに当たります。

これも私が供述分析の仕事の関係で知ったのですが、「やくざ」の社会と「かたぎ」の社会との関係は、基本的にそのような形で相互に了解され、関係がある意味で安定しています。やくざの構成員自身が自分について「やくざ（役立たない者）」という認識を持っていて、「かたぎ」の社会を全体として否定しようとは決してしません。そのかたぎ世界を大前提として、その裏側の部分を生きようとする、かなり自覚的な姿勢も見られます。

震災時等の非常時に組の構成員たちが本気でボランティア活動を行い、「かたぎ」の社会に役立とうとする現象などは、悲惨な事件を起こすやくざのイメージから一見外れるように見えるかもしれませんが、実際はこのような構造の中で「同じ社会に

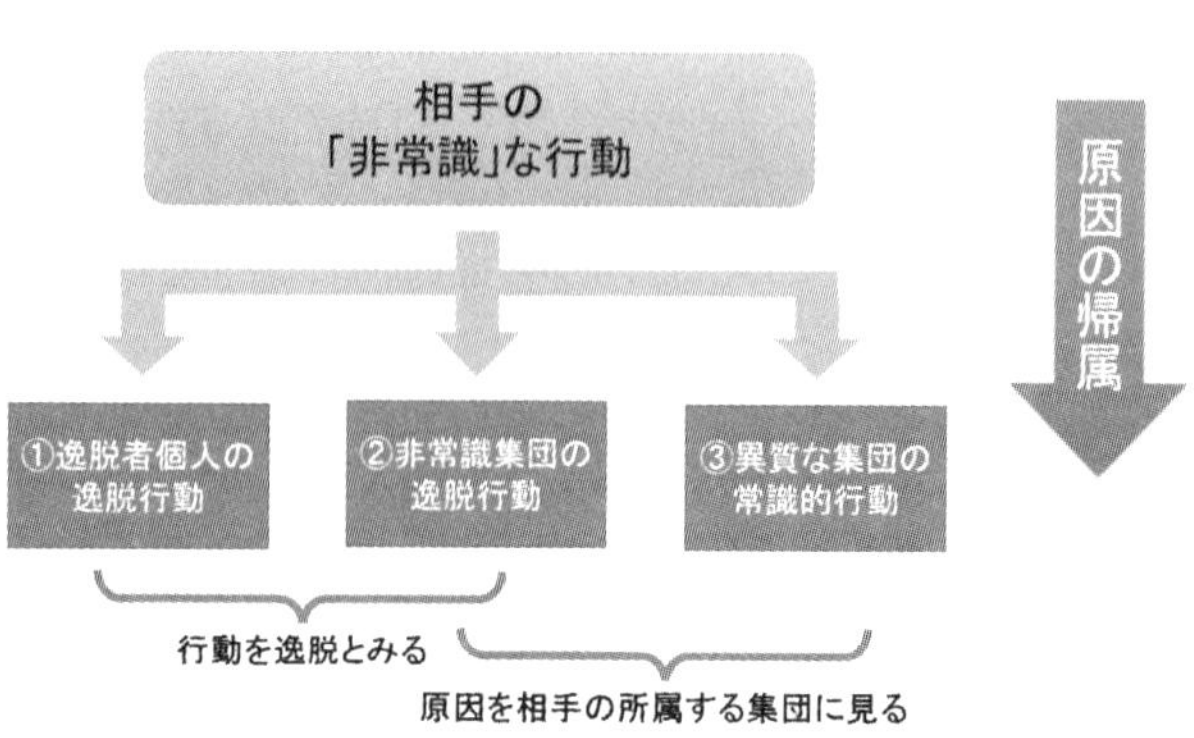

図 5-2 「非常識」に見える異質な行動の原因帰属パターン

生きているもの」として「役に立つ」姿を示したいという、本気の活動として成立するもので、彼らの価値観に根差しているところがあり、単に功利的なうわべの行為ではないと考えられます（後藤 2011）。

この場合はその共有されていると見なされた常識を基準とし、一方を「逸脱者たち」としてラベリングし、その集団を自分たちの集団に従わせることで問題を解決しようとする展開が生まれます。集団間の支配従属関係の形成という形で相互作用を安定化させるパターンです。

もうひとつは相手が異なる常識の下で、それに従って行動しただけであり、彼らにとってはそこには逸脱は存在しないのだ、という理解が可能な場合です。この場合にはお互いの関係の調整は矯正や強制といった上下関係によってではなく、対等な者同士の異なる常識、規範間の調整の模索という方向に進むことになります。調整が困難な時には、存在は認めながらも関わろうとしないことで自分を守る、無視の形になります。棲み分けとも言えます。

以上の関係を図式化すると図５-３のようになるでしょう。

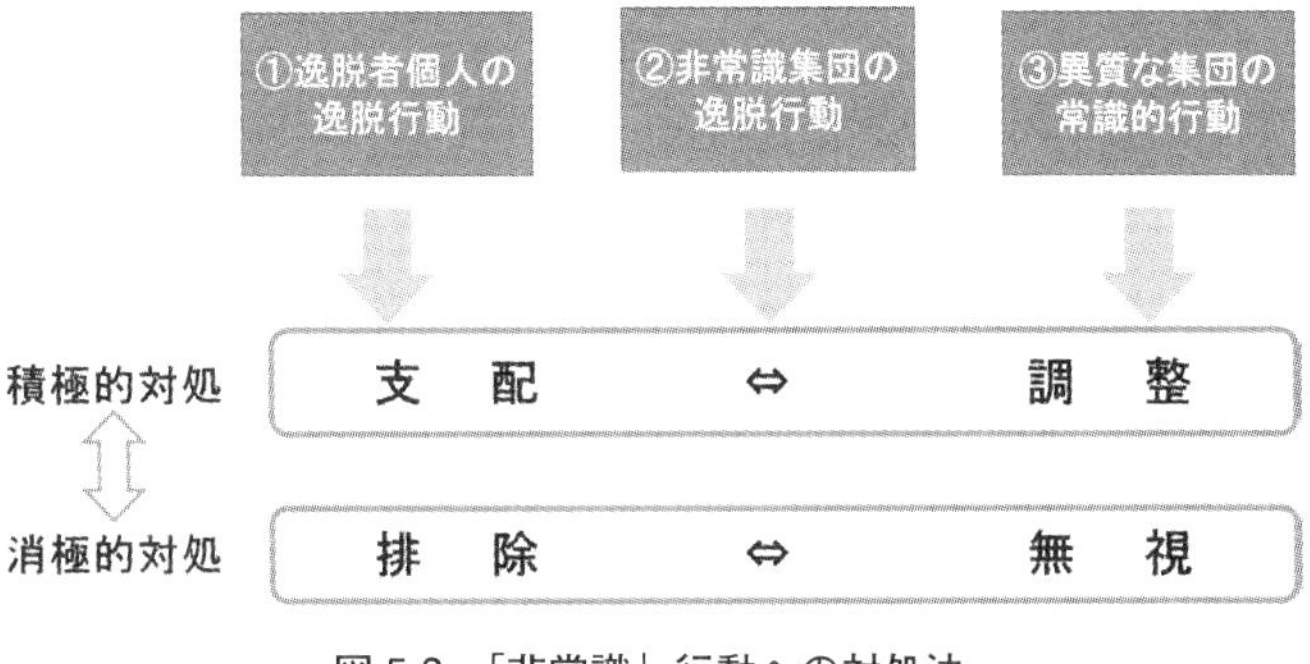

図 5-3 「非常識」行動への対処法

図をご覧いただくとわかるように、実はここで整理している「異質な行動の原因帰属とそれへの対処法」は、特に文化的な問題に限られるものではなく、人間の社会的行動に生ずる対立とそれへの対処一般に適用可能なものになっています。[5]

積極的対処のパターンは、その異質な行動あるいはその行動の主体間の関係を、権力的な支配服従の上下関係で処理しようとするか、対等な主体間の相互調整で処理しようとするかという、関係の構造化の方向性の違いを表わしていますが、このような垂直（上下関係）と水平（平等関係）という二次元の方向性も、人間社会ではいろいろな組織の中に、どこでも普通に見られるものです。

排除と無視もまた集団形成にきわめて重要な機能を持っており、いじめ問題などは、子どもがこの機能を使って「仲間」関係を構造化しようとする過程に起こることという見方もできるでしょう。積極・消極いずれも「異質な個人同士の間に発生する矛盾対立にどう対処し、関係を構造化するか」という課題に対して発生する現象と見ることが可能です。

文化が文化として立ち現われる瞬間に起こっていることは、それを社会的相互作用の関係調整過程に位置づけて理解すれば、「異質な行動（あるいはその産物）」を相手個人に帰属させて「逸脱」と見るのではなく、自分が持っている常識を、相手には通用しない「わたしたちの集団内部の常識」として相対化しつつ、相手の行動やその産物を「異質な集団の常識の産物（図5-2、3の③）」として集団に帰属させるプロセスとして理解が可能になります。

5-4 まとめ ── 文化集団の認識と関係調整

まとめます。

人は他者と相互作用をする場合、何らかの常識を共有していることを暗黙の了解にしています。この共有された常識に沿って行動することで、自己の行為は相手に了解しやすくなり、相手の行為もまた了解しやすくなり、お互いの行動が予測可能になって相互作用はスムーズになります。したがってその相互作用に不全状態が生じた場合、あるいは相手の行為やその産物に「違和感」や「怒り」などの否定的な感情を抱いた場合、その原因を「常識の共有」の失敗に求めるようになります。

ここで自分の側には常識の逸脱はないと認識される事態では、その共有の失敗の原因として、相手の側がそれを逸脱しているからと認識する場合もあり、この場合は相手を矯正したり相手に強制して自己の常識に従わせようとする対処法が優位になります。

ところが相互作用の積み重ねの中で、実は相手も相手なりの「常識」で行動していることが見えてくる場合があります。その時相手は「逸脱した個人」ではなく、「異質な常識を持つ〈あなたたち〉」の一人であると見えてきます。言い換えれば「自分とは異なる共同性を生きる個人」として相手が見え、その相手の背後に同じ常識を持って相互作用をする人々のつながりが感じ取られるようになります。

その何となく感じ取られた相手のつながりに名前が与えられた時、そのつながりは境界線を持ち、自己の集団とは異なる集団として立ち上がってきます。文化集団がお互いの共同性の「差」を介して、実体として立ち現われる瞬間です。

相互作用の不全の原因帰属に関するこの現われ方の差は、どのように関係調整を行うかという実践的な課題に対して異なる対処法を生み出します。文化はそのような実践的な課題の中に生み出される対象認識の仕方であると考える時、その虚構性と実体性が共に重要な意味を持つものとして了解可能になります。

文化や文化集団は個を超えて物理的な実体のように存在するものではありません。個が他者との間に関係を取り結ぶ時、その行為の構造を成り立たせる一要素として、そのつど立ち現われるものです。だからこそ、文化集団というものは語る人によって異なり、また同じ人の中でも、時々で異なって語られたりします。しかしそれは単なる主観的な虚構ではなく、個を超えて自他に共有され、個を規定するものとして現われるという意味で客観的な存在です。個はそのような構造の中で、社会的に行為することを可能にし、そこで文化や文化集団が機能的に実体化します。

文化あるいは文化の認識は、人々が共に生きる社会的実践を可能にする一要素です。人は社会的に生きるために、虚構とも言える文化を機能的に実体化し続けるわけです。ですから文化の認識というのは単なる「外部にある対象の静的認識」ではなく、それ自体が社会的実践を構成する「社会的な認識実践」以外ではないのです。それは一種のイデオロギーとも言え、虚構とも言えますが、それなしにその社会は成り立たず、それなしにその社会での生は成り立たない、という意味では全くの実体です。

このような視点に立つ時、文化は「個がそのつど生み出そうとしている共同性のあり方（共に生きる形）」として心理学的に分析可能になります。それは固定的な実体ではなく、共に生きるためのそのつどそのつどの工夫です。その工夫を安定化させるために、文化集団は「私に先立つもの」として、事後的にそのつど生成されていくのです。文化集団を機能化させるために、繰り返し儀式が行われるのもそのためです。それは「物理的にはない」から、「共同主観的に作り続ける」必要があるわけです。

では、そのように他者との関係の中で共同的に生きる個人の姿を分析するための心理学的な単位は、どのようなものになるでしょうか。以下の章では、私たちが人間のコミュニケーションの基本構造を示すものとして形成してきた「拡張された媒介構造」という概念ツールを用いて、ここまでの議論全体を説明し直します。

【コラム3】星座の実体性

集団は機能的に実体化するのだけれど、それを主観とは独立に存在を考えられる物質的な実体と同一視してしまうと問題が起こる、と考えるのが本書のスタンスです。そのことの意味をもう少し噛み砕いて説明するのに、星座を比喩に、こんな問いを立ててみるともしかすると少しわかりやすいかもしれません。「人がいないところで、はたして星座は存在していると言えるのでしょうか？」

私は夜空に星座というものを見つけるのが苦手ですが、それでも北斗七星やカシオペア座、オリオン座くらいは見つけられます。このうち北斗七星やカシオペア座は、そこから線を伸ばすことで北極星を見出す手掛かりにすることができます。

北極星が確定すると、私たちは夜中でも方位を知ることができます。方位が確定できると、たとえばそれによって水平線を超えた遠洋航海が可能になります。遠洋航海が可能になると、海運が大規模に展開可能になりますし、また漁業もその場を拡げることができるようになります。

そうやって新たな資源の獲得や交易を可能にする新たな手段が成立することで、拡大した人間の社会経済が機能します。私たちはそれによって新しい生活のスタイルを手に入れることができ、世界の見え方も変わってきます。

天文学は世界中でさまざまな形で発達しましたが、その大きな背景に考えられるのが集団的な農業の成立です。適切な農作業の時期を「予言」できる能力は、農耕社会にとっては極めて大事な力であり、それを有する者に権力を与えます。正確な暦を作成し、頒布する権利は、中国でも皇帝が独占すべき重要な権利であり、その権威と権力の源泉の一つとなり、それは周辺の冊封国にも正朔の形で与えられています。

星座占いがあるように、星の運航は人の運命に深くかかわるものとして理解されます。将星の盛衰は英雄の運命を表すものとして語られます。個人だけではなく、社会の動向もそれによって予示されます。人々は星座と星の運航を見て、政治の手掛かりともします。星座は世界を理解し、それを他者と安定して共有するための重要なツールとなります。ですから星座が無ければ、今の人間の歴史は存在しなかったとも考えられます。

そして人がそのような星座を見るのは、当たり前のことですが、星座の「素材」である星がそこに物理的に、客観的に存在しているからです。そしてある時点のある地点から見れば、その星の配置も客観的に成立していて、それは個人の主観にそう見えるだけではなく、人々と共有できる共同主観的な対象物ともなります。

その意味でなら、星座が実体性を持つと言えなくはありません。

他方で無数の星の中から特定の星を選び、その配置に意味を与えるのは主観です。特定の星々を線でつないで意味づけるのは人のほかにはありません。その主観の作用を抜きに、「星座」は存在しえません。だから星座は誰が見ても同じにはなりません。「そう見ることもできる」だけで、別の見方も常に可能で、時代によっても地域によってもさまざまです。つまり星の集まりそれ自体の中に「星座」を客観的な性質として見るのは無理です。

この意味では星座は主観的なもので、物理的実体性はありません。

星座は人間の社会的実践活動の中で実体として機能し、人の暮らしがそれに支配されるという長い歴史的な過程がありましたが、その星座の性格は物理的対象の実体性としては存在せず、あくまで主観の作用に依存していますし、そのような主観の働きが失われれば、もはやそこには「星座」は存在しないことになります。

かつて、自分が見ていなくても月はそこにあると主張するアインシュタインに対してインドの詩人タゴールが、「もし人間の意識が月だと感じなくなれば、それは月ではなくなるのです」と反論したそうです。その意味を「月は人の意識的な意味づけの中で初めて月として現れるものであり、それがなければそれは他の名づけられない何ものであるか、あるいは何ものかですらないのだ」と理解すれば、この一見かみ合わない議論も、自然科学的な存在に関する議論と、より広い範囲を含んだ共同主観的な存在に関する議論のすれ違いとして見やすくなります。星座の実体性も同質です。星座はその意味では共同主観的な存在のひとつとは言えますが、意味がそれより限定される自然科学的な存在ではないわけです。何故なら自然科学における客観的な存在物は、「人の主観に依存せずに、それ自体として〈ある〉もの」として共同主観的に把握されるものだからです。「 」内はアインシュタインの議論で、傍線部をタゴールの視点と考えれば、両者のズレを階層的に理解できます。

「文化」という現象では、さらに星座における「星自体」のような、主観とは独立に存在が想定されず、それ自体が人の主観的活動の生成物以外ではない、という性格が加わります。そもそも文化は人間が存在しなければ存在しえません。「文化がある」とか「集団がある」というときの「ある」は、人間の社会的実践活動のうちにある機能的実体化による「ある」であり、それを自然科学的な「ある」でその実体性を扱ってしまう時に無用の混乱・矛盾が起こります。「個人と文化の関係」をめぐる錯綜した議論も、そこから生み出されるのだと考えることで、文化研究をめぐるさまざまな理論的アポリアにも解決の道が見えてくると思えます。

第Ⅱ部　文化の語り方

第6章　拡張された媒介構造＝EMS

6-1　対象を介した相互作用の構図

主体同士が相互作用をする時、いろいろなパターンがあります。ある時は何もさしはさまずに、直接主体同士が相互作用することもあります。たとえば次の図6-1のように犬同士がけんかをする場面では、お互いに自分の行動の向かう先は直接相手です。

「主体S1」と「他の主体S2」がお互いに直接相手を対象にしているという関係を、次のように表記することも可能です。

S1　⇅　S2

また、図6-2の肉の奪い合いのように、物が間に介在する

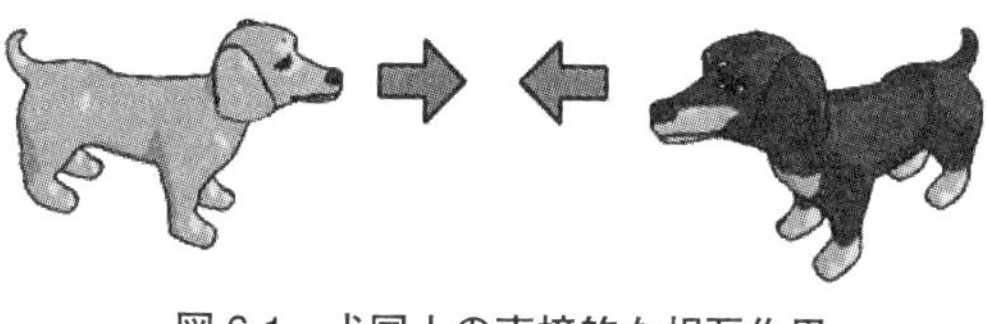

図6-1　犬同士の直接的な相互作用

図6-2　犬同士の物をめぐる相互作用

相互作用もあります。この場合はそれぞれの犬の行動が向かう対象は肉という物で、その肉を食べようとして引き合う、という形で「結果的に」肉を介した相互作用が成り立っています。「主体S1」と「主体S2」がそれぞれ同じ「対象O」に働きかけているというこの関係を、次のように表記することもできます。

S1 → O ← S2

人間の場合にももちろんこういう相互作用はありますし、乳児の相互作用は基本的にこのレベルから出発します。そこでは主体に対する働きかけと、物に対する働きかけと、その二つがまだ組み合わされることなく、バラバラに働いています。

S1 → O　**または**　S1 → S2

一方、図2-5にも示したような道具的な行動は、物Aを利用して物Bに働きかけるという形で二つの行動を「目的=手段」関係の中に組み込んで成り立っています。この時物O1はもうひとつの物O2に働きかける媒介物となっていて、そこに対象との関係が間接化する、媒介関係が成立してくるのですが、媒介関係を —()— で表わせば、それはこんなふうに表記する

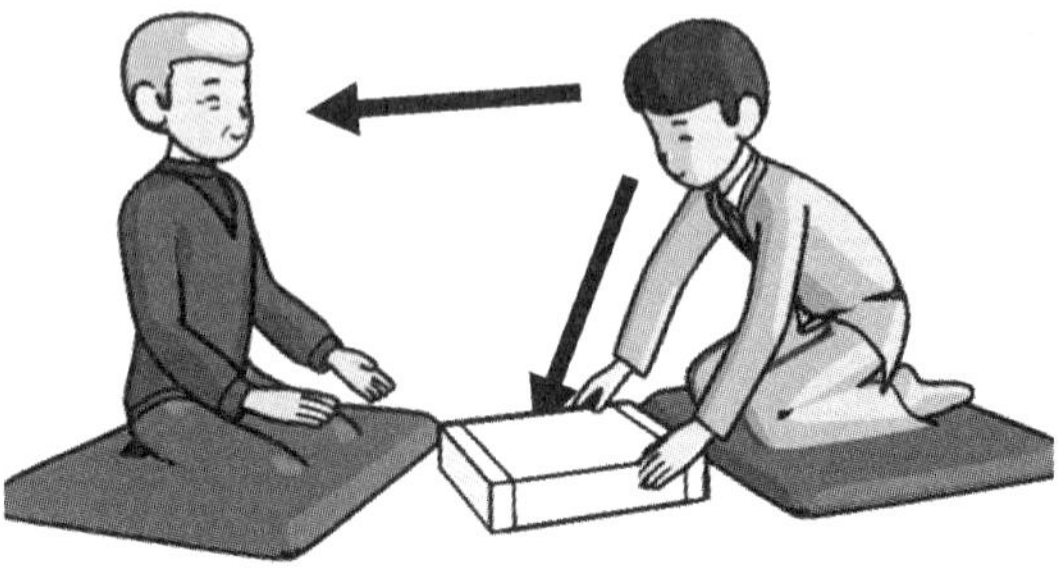

図6-3　物を使って相手に働きかける

ことも可能です。

S —(O1)→ O2

この行動が可能になってくると、その次のステップとしては、物を使って相手に働きかける、という新しい質の相互作用が可能になり始めます（図6-3）。

相手への働きかけが物を介して間接化する、とも言えます。この場合、物は他者への働きかけの手段、あるいは媒体になっており、主体間の関係はその媒体を介した媒介関係として成り立っていると表現することもできます。「主体S1」が「物O」を介して「他者S2」に働きかけるということで、

S1 —(O)→ S2

と表記することも可能です。ここには「S1→O」と「S1→S2」の関係が組み合わさっています。

似たような構図ですが、「お母さんの見たものを見る」という ような三項関係（山田 1978）あるいは共同注視の行動は、今度は「主体2（子）」が「主体1（母）」に影響され（媒介され）て「対象」への行動を行っている形になります。これは次のように表わせます。

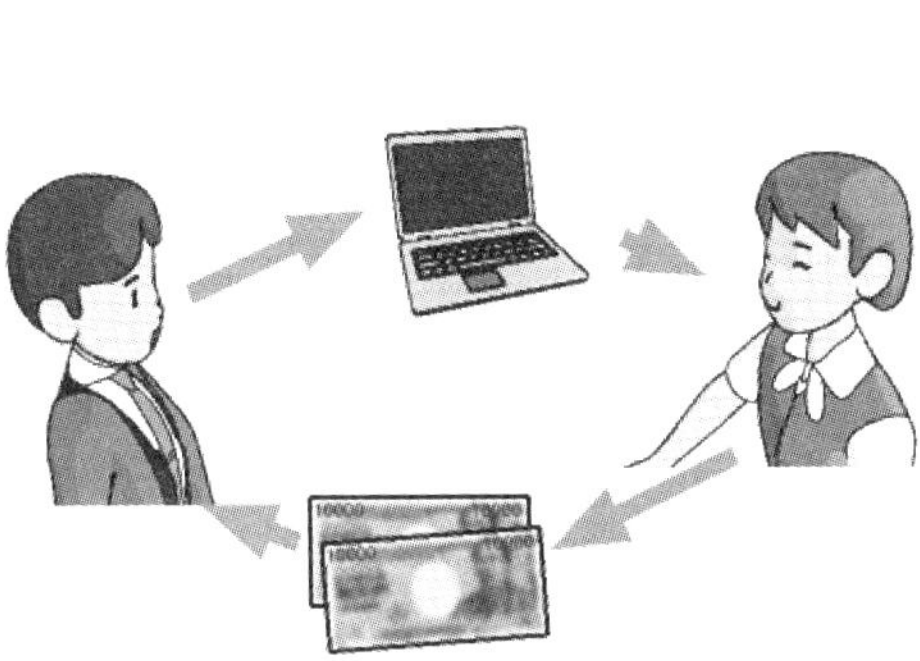

図6-4　売買

S1 →(S2)→ O

人間の相互作用は以上のような対象や主体をめぐる媒介関係が組み合わさることで、図6-4の売買場面のように、媒介関係の連鎖として成り立ちます。

S1 ─(O1)→ S2 ─(O2)→ S1 ……

あるいは、S2はS1の働きかけに応じる形で反応を返しているのですから、このことをS2はS1に媒介されて行為している、というふうに表現することもできます。この点を強調する場合にはこんな表記も可能でしょう[6]。

S1 ─(O1)→(S2)─(O2)→ S1 ……

会話も同じ構造を持っています。この場合は物ではなく、音声記号がその位置に入ります（図6-5）。

人間の相互作用はこのように対象を介した主体間の媒介的な構造を持つことで、物の交換としての経済活動や言葉の交換としての会話を可能にしています（山本 1997a）。これらは現生生物の中ではヒトにしか見出されない、きわめて特殊な相互作用の構造になります。一般化して示せば、次の図6-6のように表記できます。

図6-5　会話

6-2　人間の社会的行動の一般構造

　ところでこのように相互作用される対象（物や言葉など）は、単なる物体、単なる音声ではありません。それは何らかの意味を担った記号としてあります。たとえば図6-3の贈り物では、その贈り物は単なる物体ではなく、感謝の気持ちを表わすものであったり、あるいは自分に便宜を図ってもらうためのわいろの意味があるかもしれません。贈り物を受け取った側は、そこで差し出されたその対象の意味を解釈する必要があります。

　図6-4ではコンピューターには使用価値があり、お店の人はそのコンピューターを商品として顧客に差し出します。顧客はそれに対してコンピューターが持つ交換価値と等価なお金をお店の人に渡すわけです。コンピューターはこのような売買というコミュニケーションの中で商品という意味を付与され、お金は第4章の図4-3にも見たように、価値の徴表として意味を持たされていて、そのような意味づけの関係をお店の人も顧客も知ることで、売買という相互作用が可能になります。

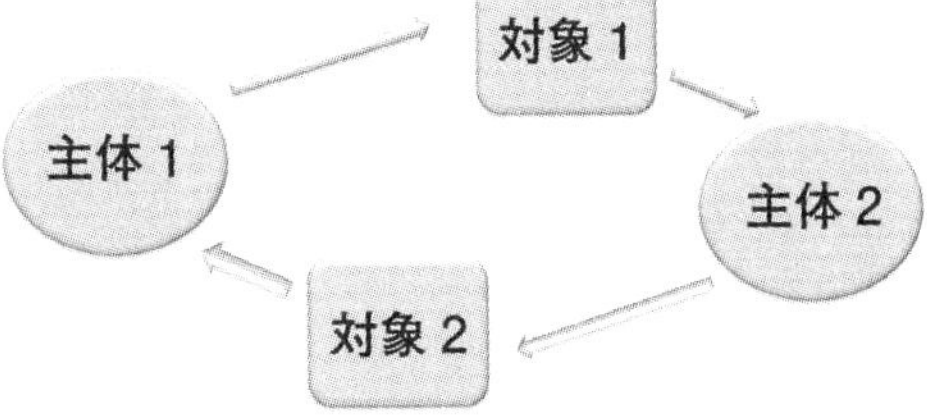

図 6-6　人間の相互作用連鎖の一般構造

図6-5の会話では、言葉は単なる物理的な音ではなく、それが何かを指し示す働きをすることで、相手の人に意味を伝えます。そうやってお互いに意味をやりとりすることで、会話が成り立つわけです。

いずれの場合にもやりとりされる対象は記号として機能しており、そこには対象それ自体と、それが指し示す意味との間に、「意味するもの」と「意味されるもの」の能記＝所記関係が成立しています。ところで言語に代表されるこのような記号的関係の最大の特徴のひとつは、記号とそれが指し示す意味の関係が恣意的であるというところにあります。たとえば車というひとつの対象を日本語では「kuluma」という音声で指示しますが、英語では「kāː」、中国語（漢語の普通話）では「chē」と、異なる音声を使うように、意味と記号の関係は全く恣意的だということです。

贈り物が愛の告白なのか、感謝のしるしなのか、贈賄の意思表示なのか、それは文脈によって異なるのであり、同じ贈り物であってもさまざまな意味を持ち得ます。この点でたとえばカワセミという鳥も、婚姻ギフトと言ってメスに求愛する際にオスが餌をプレゼントしたりもするのですが、それは何ら恣意性を持たない、遺伝的に決定された（その意味で）機械的に行われる行為（生物学的な意味での本能的行動）にすぎません。

人間にとって、同一の対象が記号としてさまざまな意味に結びつき得るのだとすれば、その意味の読み取り方が重要な問題になります。たとえば贈り主が感謝のしるしとして渡したプレゼントが、愛の告白として受け取られれば、当然お互いのコミュニケーションはうまくいかないわけですし、言葉が指し示す対象にお互いに理解のズレがあれば、会話が成り立ちません。

したがって、対象のやりとりに際しては、お互いにそこに込められた意味が共有されている必要があり、対象の扱い方もお互いに了解されていなければなりません。そのように対象の意味解釈や扱い方について、多くの可能性から恣意的に選択され得る状況に対し、それを絞り込んでいく何らかの制約が必要になります。そしてそのように絞り込まれた意味や扱い方に従うことで、お互いの相互作用は齟齬なくスムーズに展開するわけです。

ここでそのように対象を媒介した相互作用に制約を与え、安定化させる、規範性を持った要素を加えて、先の相互作用の構造を理解し直す必要が出てきます。この要素を規範的媒介項と名付けて図式化したものが、下の図6-7になります。そしてこれが私たちが人間の社会的相互作用のもっとも基本的な単位の構造として考え、拡張された媒介構造（EMS：Expanded Mediational Structure）と名付けているものです（Yamamoto & Takahashi 2007; 山本 2011; Yamamoto et al. 2012; 山本 2013; 山本 印刷中; Takahashi et al. in printing）。

この構造の中には、主体が対象を媒介に他者に働きかけ

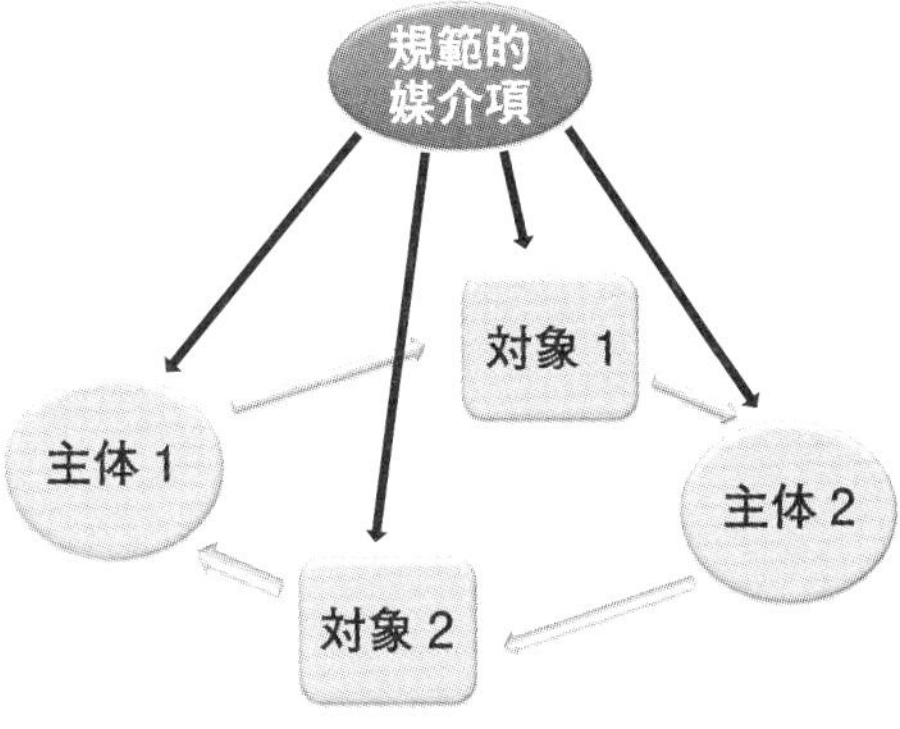

図 6-7　拡張された媒介構造

る、対象媒介的行動、主体に働きかけられた他者がその働きかけに媒介されて反応する主体媒介的行動、さらには主体や対象の意味づけや相互作用の方法を規定する規範的な媒介関係という多重の媒介関係が、ひとつのゲシュタルト的な構造に組みあがる形で含みこまれています。

主体1は対象1を媒介して主体2に働きかけ、主体2はそのように主体1から指示された対象2を解釈し、それに媒介されて、対象2を介して主体1に働きかけます。そしてそのような相互作用の中で対象がどのように意味づけられ、どのように扱われるべきか、主体はそこでどのように振る舞う役割を持つべきか、といった制約を与え、相互作用を安定させる要素として、規範的媒介項がそこに生成してくるのです。

規範的媒介項の働きをするものとしては、文法、意味のシステム、ルール、約束事、慣習、道徳、法、倫理、美意識などさまざまな規範・価値的要素を想定することが可能ですが、発生的に見た場合は、この構造が最初に成立するのは1歳半以降の子どもの相互作用の場面です。次の図6-8のような場面を想起していただければわかりやすいと思います。

子どもはおもちゃで遊び始めると、そのおもちゃをめぐって頻繁にトラブルを起こします。そのトラブルに第三者的な立場で介入して関係を調整するのは保育士さんなど、大人の役割です。やがて子どもは相手の子どもとやりとりしながら、同時に大人を気にするようになり、その大人の介入を予想して自分の行動を調整するようになっていきます。私はこの構造を、二人の相互作用主体とそこに規範的に関わる第三者の間で形成される「三極構造」と呼んでいます（山本 2000a）。

間主観的関係の発達の流れに位置づければ、主体間で相手が見たものを自分も見る形で対象認識を共有する三項関係（山田1978）または共同注視の形成から、自己の対象に対する行動が許されるかどうか、第三者の反応を見て自分の行動を調整する社会的参照行動（Sorce et al. 1985）を経て、「主体間で対象媒介的な相互作用を行う際、それに介入する第三者を見て相互作用を調整する」形でこの三極構造が成立します。

ここで大人は子どもたちのやりとりを何らかの規範によって調整する、規範的媒介項の働きをしており、やがて子どもは大人がそこにいなくても、その調整法を利用して相互作用を成り立たせることができるようになります。このことによって子どもは大人がいなくても、子どもたちだけで集団的な活動を自律的に行うことが可能になっていきます（山本2000a）。

この規範的媒介項の内面化はだいたい2歳から3歳にかけて成立していきますが、この時期にすでに子ども間の物をめぐる相互作用の仕方に

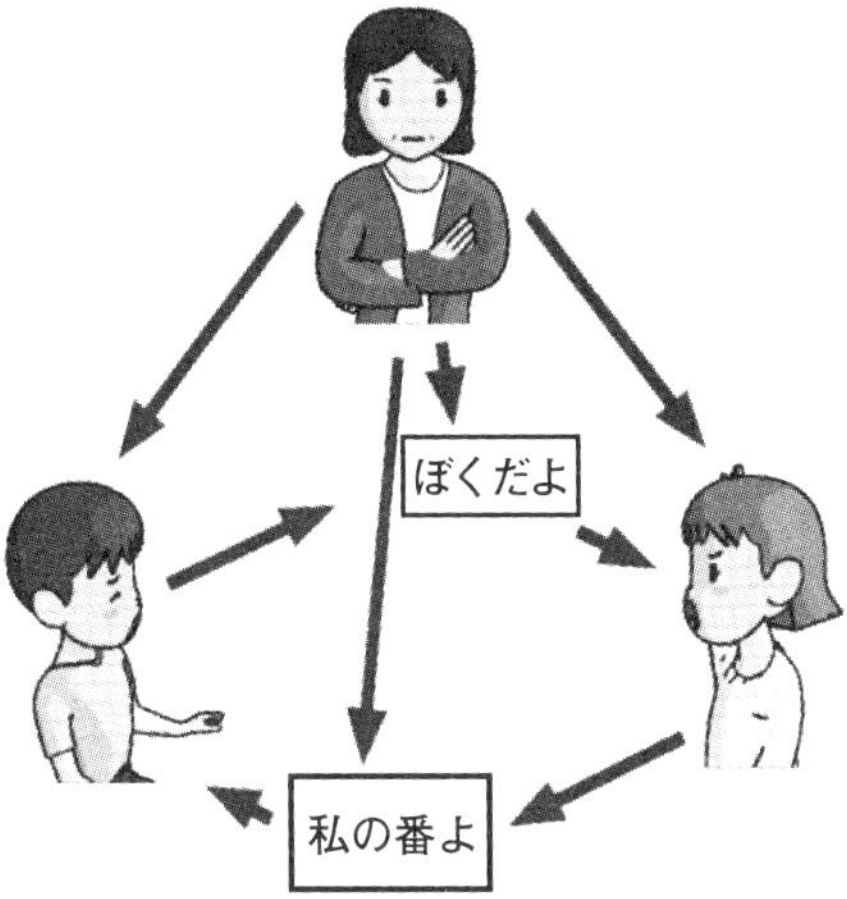

図6-8　規範的媒介項としての大人

明確な文化差も発生します（山本1997a 2004）。なぜなら子どもは、大人の調整法、規範を取り込む形で相互作用を可能にするのですが、その大人の調整法に文化差がある場合には、当然子どもの行動にもその文化差が反映するからです。

規範的要素に媒介された相互作用、そして文化性を帯びた相互作用という、人間の社会的行動の基本的な性格は、このEMSによって表現されるようなものであり、その後の発達はEMSの構成要素である対象の意味づけられ方、主体の役割の性格、規範的媒介項の性質や中身が順次抽象化したり高次化したりする形で成り立ち、後述のような複雑な人間の社会組織も、この基本単位の組み合わせとして成立することになります[7]。

6-3　揺れ動くEMS

人と人との相互作用は、規範的媒介項を生成し、安定性を獲得し、仮にトラブルになる場合でも、そこで調整が働いて安定性を回復していきます。裁判も同じ構造を持つシステムです（図6-9）。

しかしEMSは固定的な実体として成立するわけではありません。それを構成する主体も、相互作用される対象も、それらの関係に規範的な方向づけと調整を行う規範的媒介項も、そのつどの状況によって、安定した状態を求めつつ常に揺れ動き続けるものと考える方が、実際の現象に適合します（図6-10）。いったん相対的に安定したEMSも、主体の状態が変化したり、対象が変化すれば再び揺らぎつつ再調整を行う必要が出てきますし、そのつど規範的媒介項も微調整を重ねていくことになりま

図 6-9　裁判システム

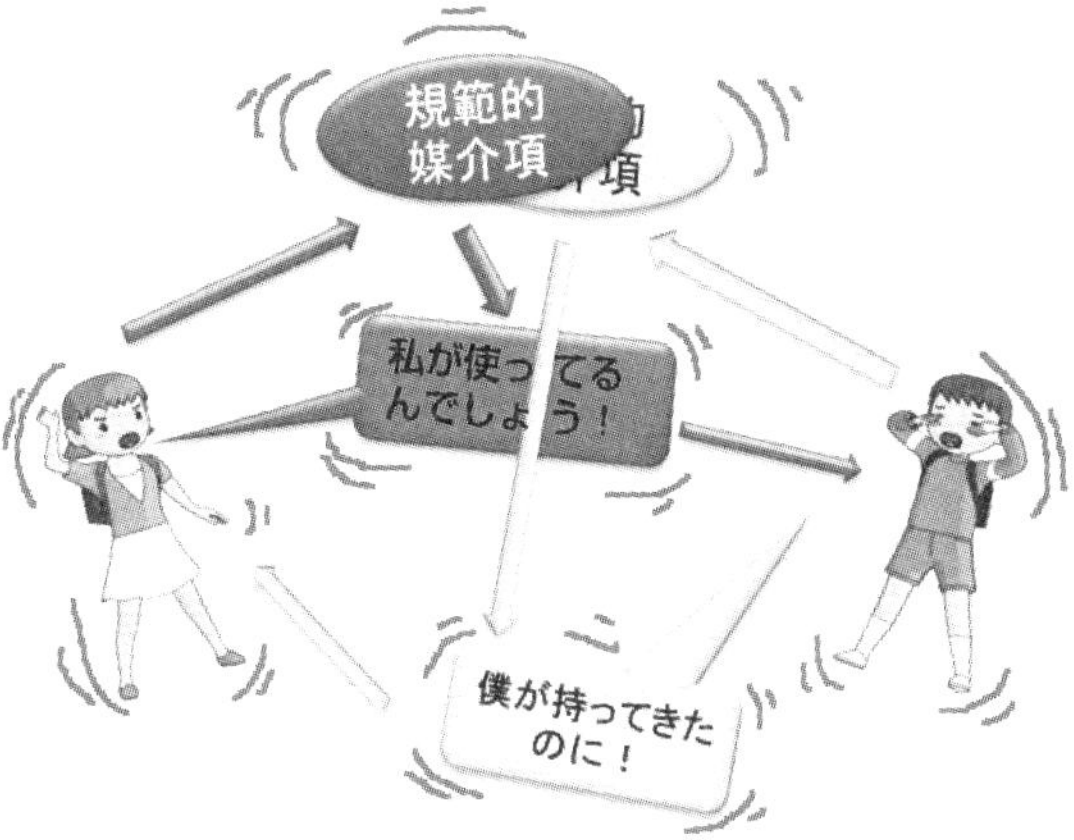

図 6-10　揺れ動くＥＭＳ

す。その変動が微調整では吸収しきれなくなると、そのEMSは破綻することにもなります。

後の議論もあわせていくことで、文化がなぜ変動し続けるか、個人がどうして文化を変化させるのかということも、このEMSの動的な性格から理解可能になります。人が常に揺れ動きながら関係調整を行い、社会的相互作用を可能にしていくというその仕組みによって、「文化によってつくられる個人」と「個人によって変化する文化」という矛盾した関係が自然なものとして説明されることになります。EMSこそが個人と文化・社会の双方が生み出される基本となる場と考えられるわけです。

6-4 まとめ —— 人間社会を成り立たせるEMS

まとめます。

人間の相互作用は他の動物と比べ、記号というシステムを取り込みつつ、非常に複雑な媒介関係を含んで成り立っています。そこには道具的行動のように物を介して対象に関わるような媒介関係があり、また他者に影響されて動くというように、主体間で影響しあう媒介関係があり、第三者がそこに介入する規範的な媒介関係もあります。

これらがバラバラにではなく、ひとつの構造として成立した時、そこに私たちは拡張された媒介構造またはEMSを認めることができます。規範性を有する人の社会的な行動は、この構造をそのつど生み出しながら展開し、それが会話による意味の交換や経済における資源の交換といった、人間社会の基本的行為を可能にする心理的な構造と言えます。

さらにこのＥＭＳはその都度人々の関係を動的に調整する形で再生産されていく動的なものと考えられ、個人が社会によって形成されながら逆に社会が個人によって変動していくという関係は、そこから無理なく説明が可能になります。そこでは個人の行動と社会というものを不自然に分離してその両者の関係を二元論的に考える必要がなくなるからです。

人間社会の集団は、このような心理的な構造によって組みあがっていき、そして人間にとって基本的な社会的現象のひとつである文化もまた、その現われをＥＭＳによって記述することが可能です。次にその作業を行います。

第7章　ＥＭＳと集団の実体化

7-1 「合意」として成り立つＥＭＳ

ＥＭＳは人間がそのつど人々の関係を動的に調整する形としてあるわけですが、そのピラミッド型（四角錐）の構造の頂点に位置する規範的媒介項の性質について、ここで確認しておきたいことがあります。次のエピソードを見てください。

【エピソード5】おもちゃの奪い合い

聡（男1歳6か月）がプラスチックの緑色のジープと赤のトラックを持って遊んでいると、隆（男2歳6か月）がやってきて、いきなり赤のトラックをつかんで引っ張り「さとしくん、ちょっとちょうだいね。」と言う。言葉はていねいだが、声の調子はきつく、強引に奪おうとする姿勢が明らか。聡は最初抵抗していたが、まもなく手を離し、不満そうな顔をする。ところが一瞬にしてぱっと笑顔になり、隆に残った緑のジープを差し出して「はい、はい」と言う。隆は受け取ろうと一度手を出すが、すぐに引っ込め、向こうに行ってしまう。（山本 2000a）

おもちゃのジープという対象をめぐって、聡と隆が対立的なやりとりをしています。他の子どもが使っているおもちゃを欲しくなった時、小さな子どもはいきなり奪いに行くことも少なくないのですが、そのような行為に対しては大人が介入し、奪おうとする行動を制止し、「順番」というルールを導入したり、持ち主の利用を優先したり、あるいは「貸して」とか「ちょうだい」などの申し入れをさせて、交渉によって双方の合意のうちに解決させようとしたりします。

2歳6か月の隆はすでにEMSを生み出すことが可能な発達を遂げており、ここでもいきなり奪うのではなく、「さとしくん、ちょっとちょうだいね」といった申し入れを行う形で目的を達成しようとしています。言語的な働きかけを通して、相手の意志（おもちゃを使用しようとする意志）を変化させ、自発的にそれを差し出させようとしているわけですが、そのような形で大人の介入法を取り込み、聡との間に「規範的媒介項」を立ち上げようとしていることになります。

ここで二つのポイントを重要なものとして指摘できます。ひとつは隆が聡との間で「合意」を形成しようとする働きかけのスタイルをとっていることです。相手の主体性、意志を無視するのではなく、お互いの意志を調整し、合意のもとにやりとりを進めるというスタイルは、人間の社会的相互作用の重要な特徴です。ここでは詳述しませんが、言語の成立それ自体が、相互の志向性を調整する過程として成り立つものであり（山本 1997a）、そこでは相互の主体性を前提とした相互作用が不可欠になっています。

もちろんここで「合意」というのは、両者が心から喜んで望んで成り立つものとは限りません。むしろいろいろな状況の中でそれを「受け入れざるを得ない」という形で成り立つものも多くあります。喧嘩が「参った」で終了するのはそのいい例です。人を支配する（相手を服従させる）、というような場合を考えても、それは物の支配とは根本的に異なり、支配の対象は「意志」を持っていますから、その「意志」に働きかけない限りは対象となる人は支配者の意図通りに動かないので、支配が成り立たないわけです。支配者も被支配者の意志を無視することができません。

ここではそのような広い意味で「合意」を考えますが、その合意が成立するということは、お互いにその合意内容には従うことを意味しています。合意内容自体はさまざまであり得るわけで、そこに恣意性がありますが、しかしいったん合意が成立すると、今度は当事者はどちらもその合意に従うことが義務となり、そこには恣意性がなくなっていきます。

大人はそのようにどちらも納得し、自発的にそれに従う形での「合意」を目指して介入を行います。隆もそのスタイルを取り込んでいるのです。そしてこのエピソードのもっとも興味深いポイントとも言えるのですが、隆に赤いジープを奪われた後、聡は険しい顔を笑顔に切り替えて自分から緑のジープも差し出しています。まるで聡が「これは私が奪われたのではなく、私が私の意志でプレゼントしている状況なのだ」というふうに事態を意味づけなおすことで、自己の主体性を逆説的に維持しようとしているようにも見えます。

実際人間の社会を見ると、他者に従属することに積極的な価値を求め、そこに美学を見出すような思想は時代や場所を超えてどこにもいくらでも見出せます。心理学的にも権威者と自己の「同一視」の仕組みなど、支配者に自分を見いだし、それに一体化することで支配される自己を主体的に支配する仕組みとも言え、従属的な状況を自らの主体的な意思による選択に無理なく切り替えるための心理的な工夫が見出せます。

人の主体性というのは、そのように支配と被支配、自己と他者の能動と受動が目まぐるしく切り替わりうるような、両義的な関係（鯨岡 1998）の中に成り立つものです。何者にも支配されない絶対的な主体性、第一原因としての主体性といったものを想定する議論は、この点で人間の実態にあわず、無理なものになるでしょう。

【コラム4】「見る ⇕ 見られる」関係と集団の実体化

物と人の違いは、それに主体性を感じるかどうかです。人は物を見ますが、物は人を見ません。物は人に見られますが、人は物に見られません。言葉を換えると、人は意志を持ち、意図して行動するけれども、物はそのような意志とか意図を持たず、ただ機械的に状況に反応するものとして見えてきます。

もちろん、物から見られるように感じることはあります。木の板の木目の節が目のように見えると、何かそれから見つめられているような気になります。人形は場合によって自分に語り掛けてくるように感じる人もいます。昔の人は天候に「天の意志」を探ったりしました。アニミズムは自然科学的な意味では生命のないものに生命を見る世界観ですが、これも同じことでしょう。物が意志や意図を持つ主体として見えてくる例です。

逆に、人を物のように扱う場合があります。遺体が単なる物体として扱われるような場合もそうですし、相手の意志を認めないような関わりは、それをされた方からすると「物のように扱われた」印象になります。

具体的な例を挙げれば、たとえば自閉の子にクレーン現象と名付けられた独特の行動が見られることがあります。その子がドアの鍵を自分で開けられず、大人に開けることを要求する際、大人の手を持っていってドアのノブにポンと置く、等といった、機械的に感じられる動作をする場合を言います。これをされた時、された側は何か自分が人として扱われず、意志のないロボットか道具のように扱われた印象になります。

私たちの日常の相互作用の中では、「鍵あけて！」と言葉で依頼したりしますが、これはクレーン現象とは違い、相手の主体性に働きかけていることです。相手に依頼したり命令したりして、相手の意志を動かし、その意思に基づいて期待する行動をしてもらうのです。クレーン現象ではそういう「私の意志」に対する働きかけが感じられないために、何か物として扱われた気分になるのです。

いずれの場合も、主体性を持ち、意志や意図を持つものとして見えてくる時に、人と人の関わりを感じます。そのような対象は命ある主体に見えてきます。それが感じられないと、物に見えるわけです。

人と人との関わりは、このような主体性の絡み合いとして進みます。複数の主体がお互いに「見る ⇕ 見られる」「話す ⇕ 話される」など、「する ⇕ される」の能動＝受動関係を絡ませていくことが、つまりは人と人の相互作用になります。複雑な社会組織もそのような相互作用によって成立していることは変わりがありません。

集団は主体が他者と相互作用する中にそのつど機能化させていくものであるにもかかわらず、かえって主体を外から規定する客観的な実体（超越的な主体とか大文字の主語など）として現われるという、主客の反転現象が起こるのも、この人間の能動＝受動関係の基本性質から自然に生まれることと考えられます。

この主客の反転現象は、人間の精神にとってはごくありふれた事態です。間主観性の発達を考える場合はここが基本的な問題のひとつになりますが、たとえば目を見つめ合う、という現象は、「見る」という能動的な行為と「見られる」という受動的な状態が混然一体化して成り立っています。私が相手を「見ている」という能動的な関係は、即座に私が相手に「見られている」という受動的な関係に反転して体験されます。「見る⇕見られる」関係はそのような能動＝受動の図地反転的関係として、主体間の関係を間主観的に構成しています。「握る⇕握られる」も同様です。言語発達もこの展開の中で生じます。

この図地反転関係が継時的に起これば「話す」↓「話される」、「渡す」↓「渡される」といった主体間の相互作用になっていきます。EMSの底面部分で起こっていることは、そういう能動と受動の継時的な図地反転現象です。

この図地反転関係をうまく処理できなくなると、妄想など、対人関係に困難が生じます。またサルトルの小説『嘔吐』の主人公の次のような混乱は印象的です。彼は日記に書きます。「何かが私に起こった。もはや疑いの余地はない。そいつはありふれた革新や、明白な事実とは違って、まるで病気のようにやってきた。…たとえば私の手の中には、何か新しいものがある。パイプなりフォークなりの、ある種の握り方、といったものだ。あるいはむしろそのフォークが、今ではある種の握られ方をする、とでも言ったらいいだろうか。」（鈴木道彦訳 p.11-12：傍線引用者）「物、それが人にさわる、ということはないはずだろう。なぜなら物は生きていないから。人は物を使用し、それをまた元に戻す。人は物にかこまれて生きている。物は役に立つ。それ以上ではない。ところが私には、物の方からさわりにくるのだ。それは耐えがたい。私は物と接触するのを怖がっているのだ。まるで物が生きた動物であるかのように。」（同 p.22：傍線引用者）能動＝受動関係が混乱して逆転し、物が私に働きかけてくるように感じられているわけです。

そのような混乱が発生してしまうのも、そもそも精神が図地反転的関係によって主体間の相互作用を成立させていることの副産物のようなものと考えられます。集団の主体化、実体化もまたそのような能動＝受動の図地反転的関係によって成立する、きわめて人間的でありふれた現象のひとつと考えることが可能になります。

人間の社会はこのような能動＝受動の図地反転の仕組みを多用しています。抽象度の高いものでは「天」や「人格神」、「国民の総意」などが、個人の持つ主体性を逆転させる形で、超越的な主体として立ち現われ、逆に個人がそれに働きかけられるように感じられます。人々はそのような超越的な主体に従うことで、お互いの関係を調整するようになります。また支配者は「天意」や「民意」を理解できなければならず、その代行者であることで支配者の地位を認められています。神のお告げを聞く儀式は古代の権力にとって本質的に重要な儀式でしたし、近代における「選挙」という手続きも、実はそのような上位主体の確認の儀式という面があります。そういうシステムがいろんな社会に作られています。

より身近なものでは「わたしたち」の集まり、あるいは私たちが属する集団がそこでイメージされることも起こります。有吉佐和子の小説をもとにした映画『紀ノ川』（中村 1966）では、主人公の女性、花が守り続けた「家」が描かれますが、時代が下ってもはや旧来の家制度が機能しなくなった時、孫娘の華から「すると、おばあちゃまが一生懸命守ってきたものは、どういうことになるの？・・・燈明の油ともなって五十年もの間守ってきた、それは？　その家霊は？　真谷の家は？」と無邪気に聞かれ、言葉を失うシーンがありました[8]。家は関係の中で実体として彼女に現われ、彼女を支配する主体となり、そして気がついて見るとその関係性は崩壊しており、その虚構性に呆然とする事態が訪れます。これもまた、集団というものの存在性格に根差した、普遍的な現象と言えます。

ＥＭＳはそのような人と人の能動＝受動の図地反転的な関係をくみ上げて構成された概念になっており、その視点から集団の実体化の現象を記述分析する可能性が出てきます。

7-2　異質な規範的媒介項の抑圧的調整

ところがもうひとつのポイントとして、隆の働きかけは実態としては相手の自発的な選択を保証するよりも、むしろ威圧的に服従することを求めている、ということが挙げられます。合意形成のスタイルをとりながら、実質的にはそれ以前の暴力的にものを奪うのと、さほど変わらない姿勢を貫いていることになります。つまり、隆は大人の要求するスタイルを取り込んで「ちょうだい」という交渉のような形をとっているのですが、その言葉の意味するものは「奪うぞ」という宣言に等しいわけです。実際隆は相手の承諾を得る前にそのおもちゃを奪っています。

「貸してね」と言って奪ったり、「順番順番」と言いながら奪ったりといった事例は、この頃の子どもではよく見られるものです。つまり、本来大人が教えたかった、みんなで平等に分かち合うという意味を、子どもは理解できていないのです。そしてその言葉を自分自身に都合のよい形で理解し、実際の相互作用に応用し、それで「相手との合意を求める」というスタイルを形だけ実現しようとすることになっています。

このような事態は小さな子どもだから起こるわけではありません。私たちがＥＭＳを立ち上げつつ、相互の合意のもとに相互作用を行おうとする時、そこで想定されている規範的媒介項の内容は、実際にはその行為者個々人が自分の流儀で想定するもの以上ではありません。ただその内容が相手に当然共有されているだろうという予期か信念、あるいは思い込みがあって、それに基づく期待を持って相手に働きかけています。しかし相手が立ち上げる規範的媒介項の内容がそれと共通している保証はあらかじめあるわけではなく、実際は大きくズレていることもよくあることです。

そもそも規範的媒介項は、それぞれの主体が相手と相互作用するに当たって、その相互作用を安定的に成立させるために、自らの経験や理解に基づいて立ち上げるものですから、当事者間でその内容が完全に一致することはむしろ例外的と言えます。実際はさまざまなズレを潜在的には含みこみながら、微調整しつつ相互作用は成立していきますし、時にそのズレが著しい場合、どちらも予想しなかった破綻が訪れたりするわけです。

このようにＥＭＳは多様なズレを抱え込みながら（図７-１）、揺れ動きつつ展開すると考えられるわけですが、それゆえそのような不安定さを減少させることも大事な課題になります。この問題についてはすでに第５章でも、異文化間の相互作用に関して「逸脱」か「文化」かという形で言及をしま

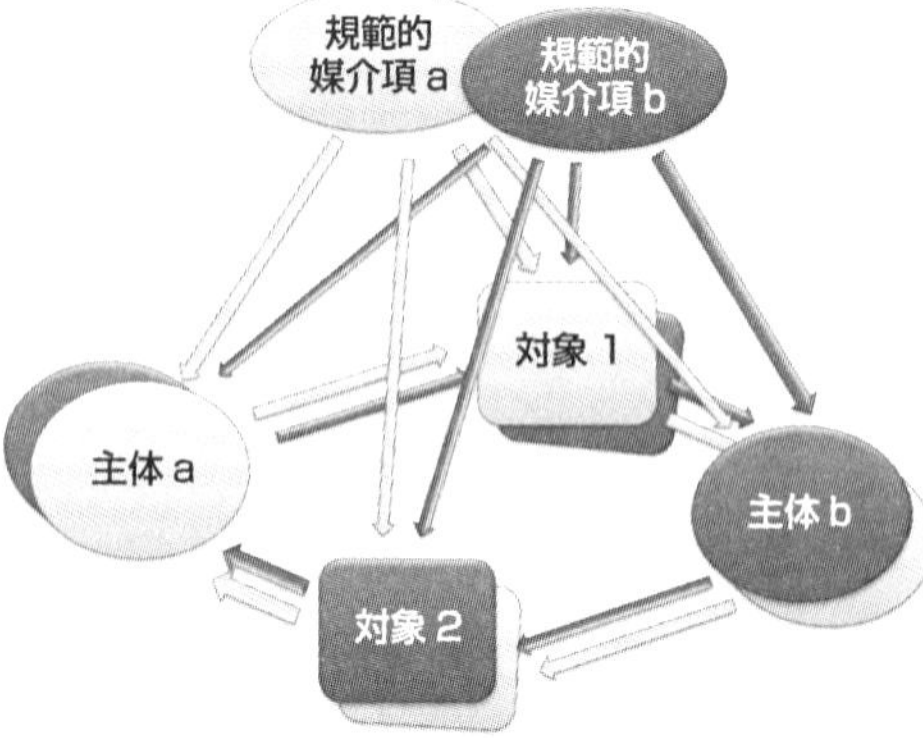

図 7-1　主体間の視点のズレを抱え込みながら成立するＥＭＳ

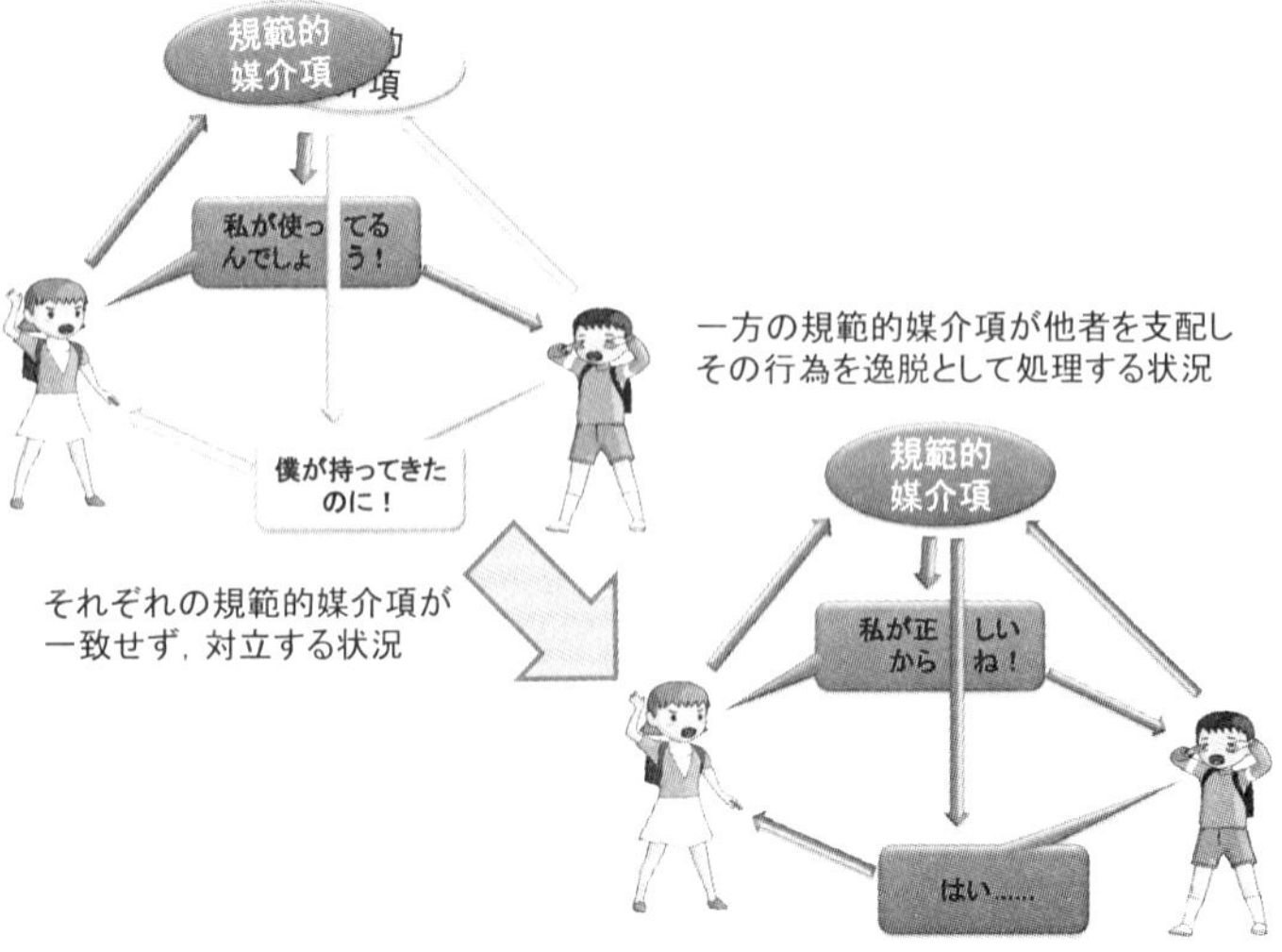

図 7-2　対立する規範的媒介項とその調整

した。そのことを改めてＥＭＳを用いて説明します。

二人の相互作用がうまくいかず、コミュニケーション不全が生じている事態を図７‐２左のように想定してみます（図を見やすくするために、ズレはすべて規範的媒介項で代表させてあります）。ここでは女の子の視点を中心に図を描いてありますが、男の子との相互作用について、女の子は自分の規範的媒介項で関係をとろうとしています。ところが実際は男の子はそれとは違う規範的媒介項を立ち上げようとしており、そのズレで対立が生じています。

この場合不安定なＥＭＳを安定化させるひとつの方法は、女の子の立ち上げようとする規範的媒介項を男の子にも認めさせることです（他の方法については第5章の図５‐３を参照してください）。図では左から右への移行がそれに当たります。この時男の子の立ち上げようとしていた規範的媒介項は否定され、男の子の行為は逸脱行動として処理され、女の子の立ち上げたＥＭＳに従属させられることになります。

７‐３　主体の二重化と主体間の平等性

ただしここで注意が必要なのは、そのようにして「勝利」した女の子も、決して単純な意味で恣意的な「万能の独裁者」になるわけではないということです。なぜなら、たとえ女の子が優位に立ちながら立ち上げた規範的媒介項でも、それは「お互いに合意したもの」として、男の子だけではなく、女の子もその規範に従うことが義務付けられるからです。もし規範的媒介項の内容が恣意的に変化させられ続けるとすれば、その規範的媒介項に基づいて安定した相互作用を行うことが不可能になっていき、ひいてはEMSが意味を失って崩壊していきます。次のエピソードはそういう視点を持って見た時に、その意味がよくわかってきます。

【エピソード6】主体の二重化

保育園の帰りの準備の時間。淳（男3歳7か月）が棚からおもちゃを出している。孝司（男3歳2か月）がそれを見てB先生に、「せんせい、おもちゃだしてもいいの？」と聞く。B先生が「いいの？まだお帰りの用意してないよ」と言うと、孝司は淳のところへ行き「おもちゃだしたらあかんよ！」と言う。淳は無視。孝司は再びB先生に「おもちゃだしてる！」と言う。B先生は幸子（女2歳10か月）の支度を手伝いつつ「まだお掃除していないよ」と言う。孝司はしばらく淳のしていることを見ていたが、やがて自分も一緒に遊び始めてしまい、そこに紀一（男2歳10か月）も加わる。（山本 2000a）

帰りの時間には遊ばず片づけをしなければならないというルールを淳が逸脱しているのを見て、孝司は規範的媒介項の位置に立つB先生に確認をとり、その支持を得て、今度はそのB先生を代理する形で淳にルールを守らせようと働きかけています。孝司はこの時規範的媒介項の位置に自分を置いて、第三者として淳の行為に介入しています。ところが再三淳に無視された後、今度は孝司もルールを破って淳のように遊び始めてしまっています。

つまり孝司は自分も遊びたかったのだけれど、帰りの時間になってルールに支配され、それを順守していたのですが、淳による逸脱行動を見て、自分が守っているルールを淳にも守らせようと試みました。そうやってルールに従った相互作用を維持しようとしたわけです。ここにはルールを守らせようとする自分と、そのルールに従ってそれを守っている自分が二重化されて成立しており、その一方が自分自身に加えて淳に対しても規範的に働きかけている。そういう構図が成り立っています。

その後、結局孝司は誘惑に勝てず、自らルールを破って遊びだしてしまったわけですが、この状態でまた淳にそのルールを守らせようとすることは困難です。相手に要求するルールは、自分にも適用されるという関係の中で、安定した相互作用は実現するからです。「法の下での平等」とか「神の前での平等」という観念がありますが、平等性の原則は系統発生的に見ても、人間の社会を成り立たせるうえで基本的な要素と考えられます（伊谷 1986）。

もちろん身分制社会では、身分によって適用される規範の内容が変わります。ある身分階層に認められない権利が、他の身分階層では当然の権利として認められるということは普通に起こります。しかしながら、いずれの身分階層にもそれに応じた規範が成立しており、それを守ることが求められています。それぞれの「分をわきまえる」ことが、そのような身分制社会を維持するうえでは重要な規範として共有されています。被支配者の階層にある人々も、支配者がそのような彼らの規範を概ね順守しているということを前提に、その支配を承認するという構造があり、そこが恣意的に崩されると社会秩序に危機が訪れるということは、歴史的に繰り返されてきたことです。権力をコントロールする機能を持つ「聖君⇔暴君」の概念図式も、そのことをよく表わしています。

そのような前提のうえで、一方の当事者が他方の当事者を逸脱者としてそれに対して支配的で優位な位置に立ち、自らの規範的媒介項を他者に認めさせることで揺らぐＥＭＳを安定させることが起こります。改めて確認すると、この時優位に立った側も、劣位に立った側も、「同一の規範的媒介項」を平等に順守することが求められています。それはどちらにとっても決して単純に恣意的に変更可能なものではなく、むしろ両者ともにその規範的媒介項に支配されている、と表現可能な状況が作られることになります。

年齢階梯から身分制、役割地位や資産力など、上下の序列関係をもとにした社会秩序構成は人間社会に普遍的に見出される現象ですが、他の動物における順位制などと決定的に異なるのは、その上下関係に平等という問題が必然的に絡まざるを得ない構造があることで、主体が二重性を持ちうることがその基盤を提供しているように思えます。人間社会はその二重性によって上下関係に絶え間ない反転が組み込まれて構造化されることで平等を成り立たせ、あるいは平等をベースに上下関係を成立させていると考えることも可能でしょう(山本 1991. 注7に述べたように、その萌芽は大型類人猿に見出せるようです)。

7-4 規範的媒介項の「主体」としての集団

するとここで、どちらの当事者にとっても「私」を超えて私を支

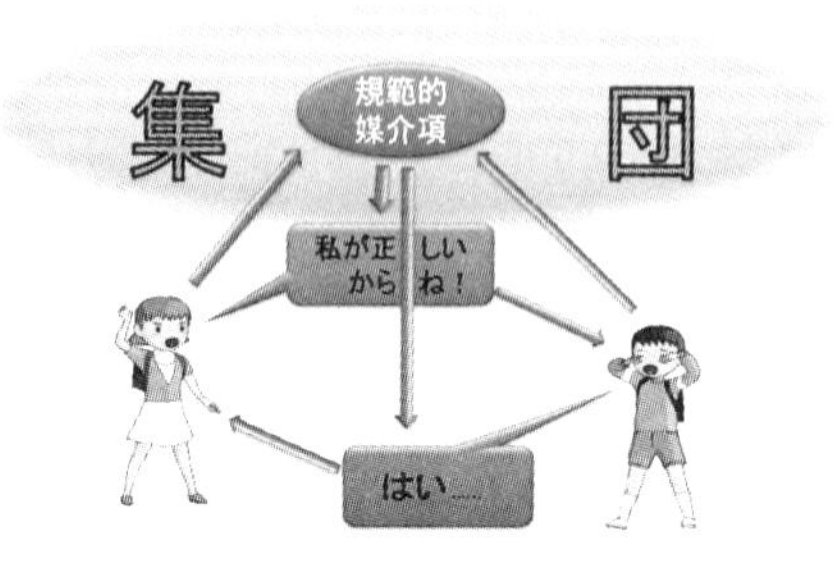

図7-3 規範的媒介項の主体として立ち上がる集団

配する主体的な要素として規範的媒介項が立ち現われることになります。この時、当事者は自分たちの相互作用を規定する規範的媒介項の後ろに何らかの「集団」がその規範的媒介項を成立させ、自らに順守を求めて来る主体として立ち現われることになります。(図7-3)

規範的媒介項は主体間での相互作用を安定させるために、主体がそのつど立ち上げていくものですから、その意味では主体が生み出したもの、と言える性質を持っています。ところがそれが安定性を持ち始め、主体がそれに従わなければならないという構図が明確になる中で、主客の反転が起こります。規範的媒介項は主体が生み出すものではなく、主体を外部から規定する客観的な存在となって立ち現われるわけです。集団は、そのように実体化された規範的媒介項を生み出す主体として立ち現われることになります(図7-4)。

4歳児くらいのやりとりを見ていて時々出会う興味深い場面があります。それは喧嘩の中で見られることです。お互いに自分の正しさを主張して自らの規範的媒介項を相手に押し付けようとしあうのですが、そのとき、子どもがこんな言葉

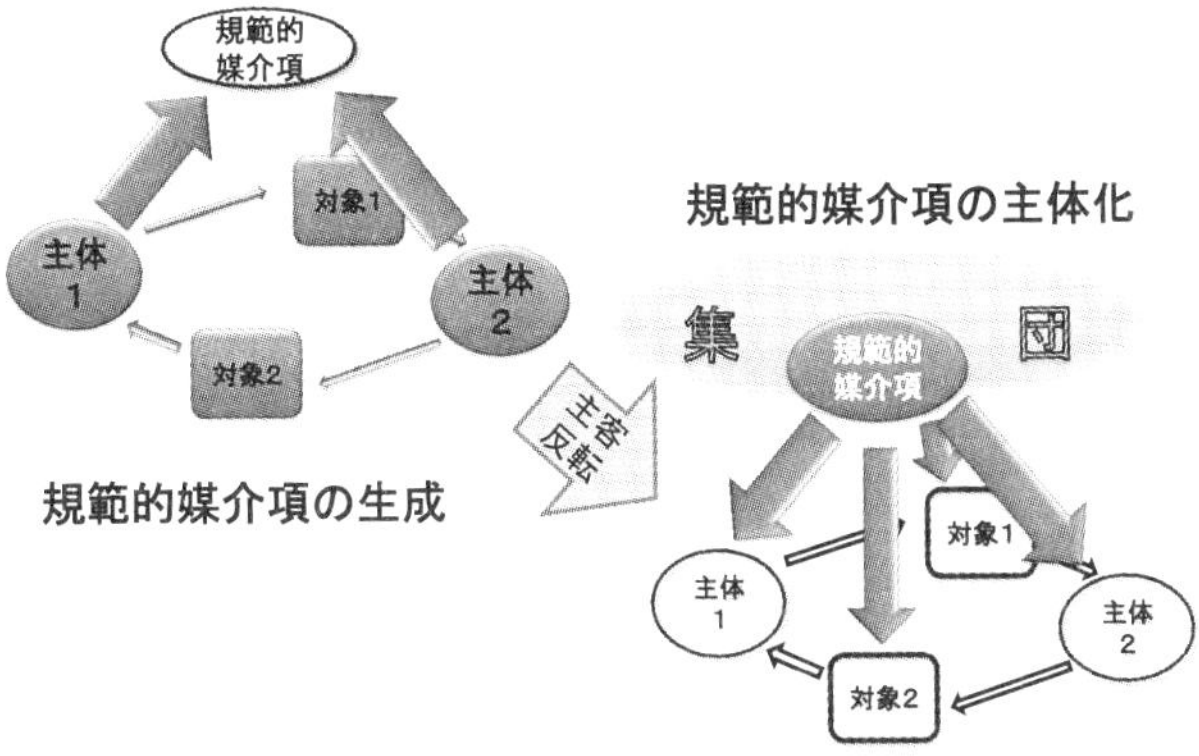

図7-4　主客反転による主体化・外在化・実体化

で相手をひるませようとすることがあります。「ぼくのな、おにいちゃんなんかな、強いんだぞ！」「虎の威を借る狐」の論理であるわけですが、決して子どもの幼さゆえの理屈ではありません。「長い者には巻かれろ」という、その裏返しの感覚も含め、私たち大人に至るまで、この論理は常にあらゆるところでと言っていいほど生き続けています。ただ子どもの場合は大人から見てそれがとても素直に表現され、分かりやすく時にほほえましさも感じられるだけのことです。

こんなエピソードもありました。保育士さんが4歳児くらいだったかと思うのですが、子どもにこんこんと説教をしたことがあって、子どもはその剣幕に恐れをなしてただうなずきながら聞いているよりありませんでした。一段落して保育士さんに「わかった？」と念を押され、「うん」とその子は答えたのですが、そこで保育士さんに「じゃあ、どうして悪かったのか言ってごらん」と聞かれて彼が答えたことは「うん、先生が言ったから」というものでした。保育士さんの語る「論理」に自分なりに納得したのではなく、ただ怒られることはいけないことだと感じられただけのことです。エピソード6もその基本的な構図がよく表われる例です。

「先生にいってやろう！」というのは相手を威圧する時に小学生でもよく使う常套句です。「おにいちゃんは強い」と言って相手をひるませようとした子も、基本的には「自分より強大な力で相手をねじ伏せようとする」構図の中で関係を調整しようとしているわけです。子どもにとって何よりも親はそういう強大な力の一つです。

私がお小遣いについてのインタビューを子どもたちに行った経験では、小学校の中学年くらいから少しずつその親の権威の相対化が見られ始め、小学校高学年から中学生ではその内面化による親への対抗が始まり（山本 1992 など）、高校生にもなればその意図的な逸脱の面白いエピソードもしばしば見られます。中には「不良」化して親や学校の規範に対抗する子どもたちも出てきます。しかし彼らは決して「規範一般」を否定するわけではなく、不良同士の間の別の規範（往々にして一般社会の規範の「裏がえし」になります）を自分たちで立ち上げていき、そこで自分たちの世界を生きようとします。上下関係が著しく厳しいやくざの世界などは、その独自の規範が強烈に支配する世界になっています。

もちろんそのような規範を支える力の源泉は暴力に限られません。権威や魅力、説得力、受容される感覚など、主体間で共有され、お互いがそれに服する気持ちになれるものであれば、その提供者は規範的媒介項をささえる「上位の主体」のように現れることができるでしょう。

当事者を超えた上位の力を想定することで関係をある意味で平等に調整しようとする、ということは人間の社会的関係の形成にはいたるところに見出すことが可能で、EMS概念の三極構造（当事主体二者と上位の規範的媒介項）にはそのような形が組み込まれているわけですが、「集団」もまたそのような「上位の力」の主体として、やり取りの中で立ち上がってくるものとみなすことができるでしょう。

7-5　まとめ ―― EMSを安定化させる集団の実体化

まとめます。

EMSは主体間の相互作用を安定させる調整的な関係として、常に揺れ動きつつダイナミックに生成し続けます。それぞれの主体は自らの視点で、自らの理解でこの関係を立ち上げようとしていますから、潜在的にはそのEMSは常にズレを抱え込んでおり、揺らぎがなくなることはありません。安定は常に相対的なものとなります。

主体は安定した相互作用を可能にするため、この揺らぎを最小限に抑えるようさまざまに工夫し、調整していくことになりますが、そのひとつのやり方は既存の規範的媒介項のいずれかを支配的なものとして、それ以外を逸脱とし、支配的な規範的媒介項に相手を従属させる形で安定を図るものです。しかしEMSは「主体間の行為の調整」として成り立つ以上、双方の主体性に基づく「合意」が要請されます。そしてこの「合意」によって成り立つ規範的媒介項についてはその相互作用に参加するすべての主体がそれを等しく順守することを求められます。主体の二重化という現象がその仕組みを支えています。

このような、個人の恣意には従わず、逆に個々人をそれに従わせる力を持つものとして、規範的媒介項が立ち現われる時、その背後に集団がその規範を個々人に順守させる主体として、（個々人から独立しているという意味で）客観的な存在として立ち現われるわけです。

EMSを用いて説明すれば、集団の実体化はこのような過程で生み出されると考えることが可能です。それはあらかじめ固定的に存在する実体ではなく、EMSがその都度成立するために要請されるものと言えます。

第8章　文化集団の実体化とＥＭＳ

8-1　集団間関係という人間的問題

資源の配分、共有、移動の視点から人と他の類人猿の社会を比べた時のきわめて大きな差は「集団間の資源の移動」、つまり交易関係の有無です。私たちの食卓は海外の産物にあふれていますが、チンパンジーが他の群れの獲得した獲物をもらって分けあって食べている、という状況は想像できません。チンパンジーにもベギングという行動が認められており、上位の個体が独占している肉を、下位の個体がおねだりすることでおすそ分けにあずかるような、そんな資源の再配分が見られ始めています（西田 2001）。けれどもそのような行為はあくまで限定的に、個体間でのみ可能なわけです。

ところが人間の社会は、そのような資源の再配分、交換といった行動を、集団を単位にして行うことが可能なシステムを作っています。そのためには、心理学的にはとりあえず集団に関わる次の二つの機能が必要になるでしょう。

ひとつは複数の個体の集まりである集団を、一つの主体のように扱うという心理機能です。第7章に説明した集団の実体化の仕組みは、まさにそのような要請に応えるものとなっています。集団を実体化することで、錯綜する複雑なシステムを、あたかも一人の人間であるかのように扱うことが可能になります。

もうひとつは集団間に個性を認め、それによって自他を区別し、集団間の関係を調整する仕組みを作ることです。この仕組みを作ることで、集団間での相互作用が可能になり、交易関係も成立します。第2章では文化の立ち現われには共同性の差が見えて来る文脈が必要であることを見てきましたし、エピソード3やエピソード4では、文化意識が「差」の認識によって立ち上がってくる具体事例を見てみました。これらが文化差の問題になっていくわけですが、そのような展開は私には単に偶然のものとは思えません。

なぜなら、人間は社会を作って初めて生きられるわけですし、上に述べたように、その社会は個人間の関係だけではなく、その上位の「集団間の関係」を作り上げることで初めて成り立っているわけです。それが人間の進化の方向だと考えられるわけですし、当然、心理システムもまたそれを可能にする方向に進化してきたはずだと思えるわけです。ですから文化が集団間の「差」の認識を不可欠の構成要素とすると考えられるのも、その進化の方向性にとっては必然だし、またそこで生まれる文化差の認識という心理的なシステムもまた、その進化を可能にしたと考え得るからです。

ここで注目しておきたいことのひとつは、人間の集団は、個人が代表する、という形を可能にしていることです。高度な社会構造を持ち、群れ内の個体間で政治的駆け引きを行うチンパンジーであっても、順位のトップに位置するαオスが群れを代表して他の群れと駆け引きをする、という行動は発達してはいません。他方人間の集団間では、あらゆる外交交渉に見られるように、個人が国家という集団システムを代表する形で他の国家と交渉を行います。個人が集団を体現することが可能な心理システムがそこには存在しているわけです。

文化意識は他の集団から自己を区別し、他の集団との関係で一つの主体として自己の集団を機能させるうえで重要な働きを持っていると考えられます。そしてＥＭＳによって文化認識やそれが文化集団を実体化する仕組みを理解すると、人の社会の系統発生的な特徴が生み出される理由も、心理学のレベルではある程度それで整合的に理解しやすくなると思います。そのような形での文化集団の実体化を、ここではＥＭＳ概念から説明します。

8-2　ＥＭＳと水平的・垂直的組織

その説明に入る前に、まず個々のＥＭＳと集団の関係について、これまでの議論と次元を変えて俯瞰的な整理しておきたいと思います。というのは、これまで第2章から第5章では基本的に「私の見え」の問題から文化の立ち現われ方や、その存在の性格を見てきましたし、続く第6章と第7章でも今度はその「見え」の成立を、一つのＥＭＳという単位の中の出来事として説明してきました。けれどもここで文化差を考えるに当たって、「集団の差」というもうひとつのレベルの問題に踏み込む必要が出てくるため、複数のＥＭＳ同士の関係、ということを取り上げざるを得ないからです。

ただし、そういう意味で俯瞰的な視点をここで採用したからと言って、「個の見え」のレベルを捨象して、いきなり集団を基本単位とする説明に切り替えるわけではありません。あくまでもＥＭＳがどのように集団という上位の単位を構成していくか、その仕組みを明らかにしつつ、「個の見え」の中に集団間の差異の問題がどう立ち現われて来るかを検討することが目的です。そのことによって、「個の見え」の視点から、集団のあり方を分析する意味がより明確になると思います。それは「集団を個に還元する」という悪しき心理学主義を回避するうえでも、逆に「個を集団に還元する」という悪しき社会学主義を避ける意味でも必要な作業と考えます。

まず初めにＥＭＳを構成しつつ他者との相互作用を作っていく人々が、それをベースにどのように集団的なつながりを組み上げていくかを考えてみます。ここでは集団がネットワーク的な個のつながりとして生成していく水平方向のパターンと、階層性を持って中央集権的に構造化されていく垂直方向のパターンの両極を見てみます。実際の社会現象はその両者が入り混じった形で展開していると考えられます。

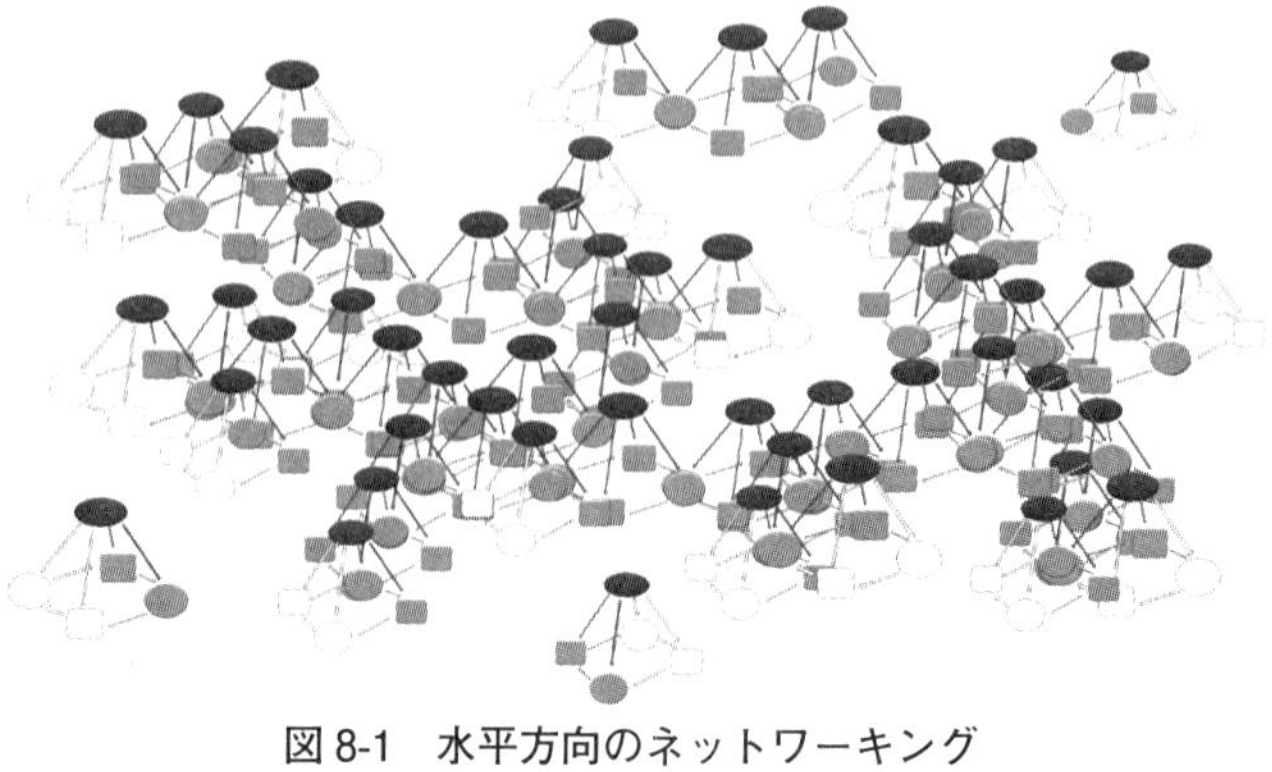

図 8-1　水平方向のネットワーキング

まずは図8-1の水平方向でのネットワーキングのモデルです[9]。

ここでいくつか塗りつぶしてある部分とない部分があるのは、それぞれの主体が自分なりのEMSを立ち上げようとしている状態を表わしています。塗りつぶしのない部分は、「予定された（まだ成立していない）相手とその反応」の部分になります。

ひとりひとりの主体は周囲と個別につながりながら、何となくそのつながりの拡がりを感じ取っています。ただし、全体を拘束する枠組みはありませんから、つながりは当然常に流動性を保っています。いわゆるネットワーク空間のつながり方のひとつの典型例になります。

このネットワークにも何となく色合いのまとまりのようなものができて集団化することもありますが、やはり境界はあいまいで、明確な組織というものが形成されないまま、伸縮や流動を繰り返していくことになります（図8-2）。ここでは単純化して一層しか示せませんが、もちろん各個人は複数のネットワークの中に並行して位置することが普通です。

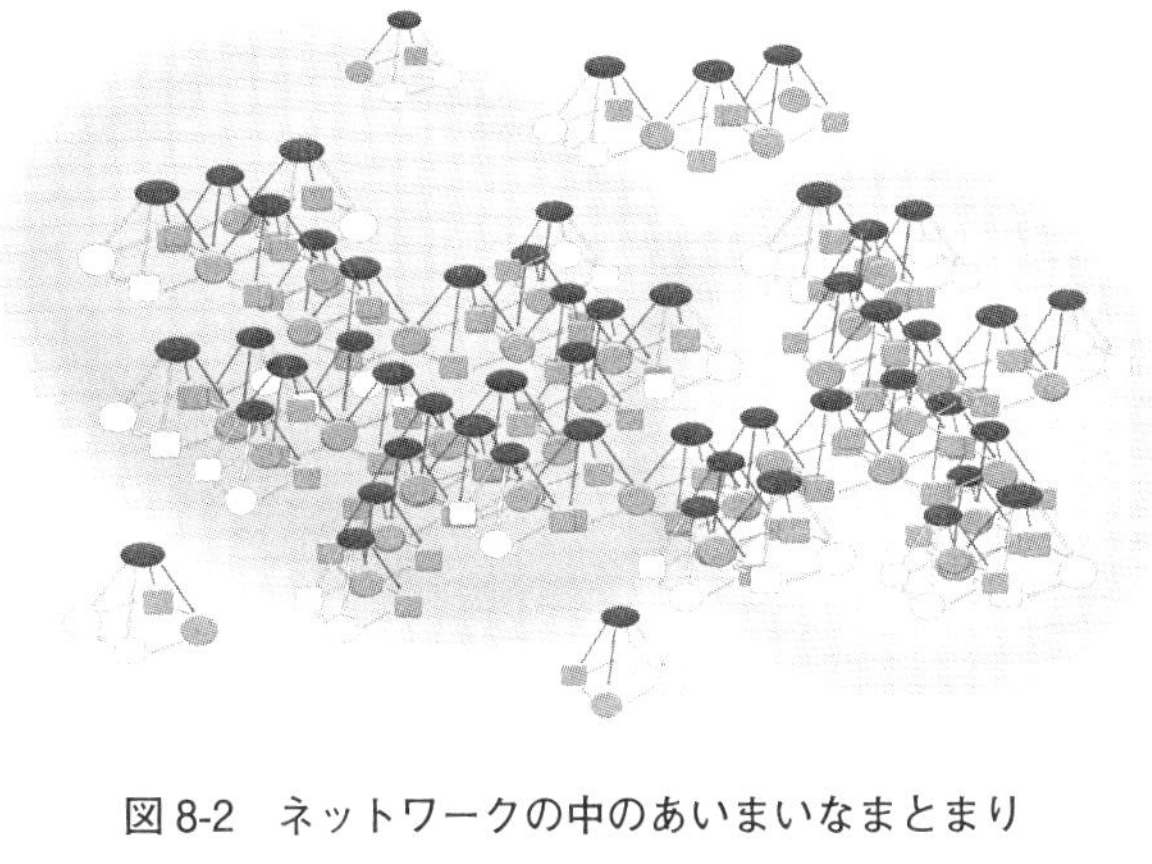

図8-2　ネットワークの中のあいまいなまとまり

これに対して図８‐３は垂直方向に展開する中央集権的な階層組織構造化のモデルです。図では二層目からは見やすさのために対象項を省略しています。

会社を例にすれば、一番下層には平社員が上司（たとえば係長）を規範的媒介項として関係を取り結んでいます。係長は調整的な規範的媒介項の役割を担いながら、その係を代表する主体として、二層目（たとえば係長会議）では課長に規範的に媒介される主体として行為します。二層目の規範的媒介項の役割を担う課長はさらに上位の課長会議では部長を規範的媒介項とする関係の中で主体として行動し・・・、という具合に、単純にＥＭＳ構造が積み重なるだけで、いくらでも大きな組織が成立します。

この時、上位の規範的媒介項の役割を担う主体は、それ以下の下位の組織全体を代表する意味を持ちますが、その上位の機能は基本的にＥＭＳの構成要素として成立します。またさらに異なる組織との関係を形成する場合には、自分がそれ以下の組織全体を代表する主体として、相手の組織を代表する主体との間に一層上のＥＭＳを構

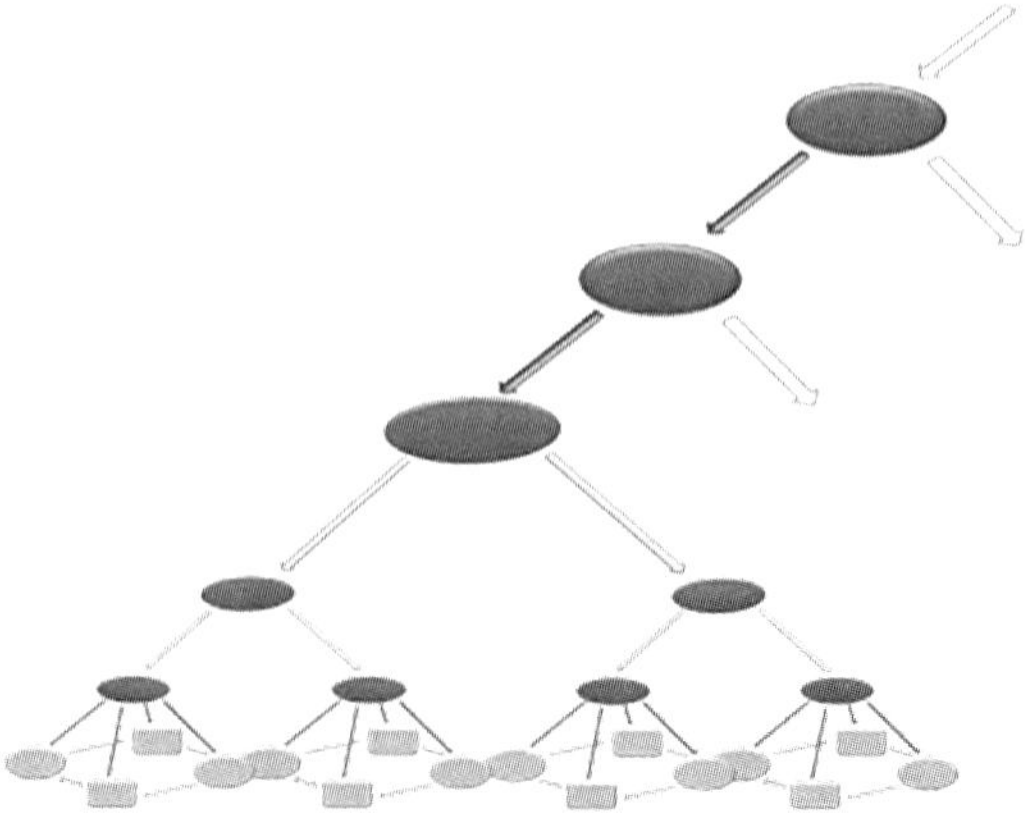

図 8-3　垂直方向の階層組織

成することになります。

たとえば国家間関係といった大きな関係を考えても、基本は変わりません。国家代表が一人の主体として別の国家代表との間にＥＭＳを構成しようとします。国家間関係というきわめて抽象性が高く感じられる社会的な相互作用も、結局具体的には個人間の交渉という相互作用の形で非常に生臭く展開するのは、このような構造があるからということになります。

8-3　主体の二重化と階層的入れ子的集団構造

ちなみに人間の社会は階層化され、入れ子状になった集団を形成することが一般的です。何がそのような複雑な構造を可能にするかについて、このＥＭＳで説明する可能性も出てきます。第7章で主体の二重化の問題についてエピソードを交えつつ説明しましたが、人は自分が直接の当事者でありながら、なお上位の規範的媒介項の視点を同時にとることができるというところが重要です。ＥＭＳはそのような主体の二重化を含みこんで成立し、機能することになります。

このことがあって初めてＥＭＳは図8-3のような形で積み重なることが可能になり、その結果入れ子的な集団構造が簡単に作れるようになります。人の子どもはすでに2歳台から、この構造を自律的に生み出して人独自の「集団遊び」を可能にし始めるわけです（山本 2000a）。

ところがＥＭＳ構造を形成できない他の動物には、そのような入れ子的な集団構造を作る心理学的な仕組みがなく、その結果集団の構造は、必然的にシンプルにならざるを得ないと考えられます。上述のように、群れ内の順位のトップであるαオスが群れを代表して他の群れのトップと交渉する、というようなことも無理でしょう。群れにとっての規範的媒介項の位置に立ちつつ、なおかつ他の群れとの間ではEMSの底面を構成する一主体として上位の規範的媒介項を立ち上げる位置に立つ、といった主体の二重性を作れないからです。

図8-3にあるように、人間はその二重性に基づく階層化と他集団との関係形成をいとも簡単に実現してしまいます。その意味でも、EMSは人間的な社会の基礎的な心理学的構成単位（生物における細胞のようなもの）と見なせそうに思います。

【コラム5】儒教的社会理論とEMS

今から2600年近くも昔に成立した儒教は、現在世界二位の経済規模を達成するに至った「市場経済化された中国」においても、その精神的な中核部分に関わり続けるような強靭な生命力を持ち続けています。それは決してうわっつらのお説教やお題目ではなく、中国的な人間関係の基本的な感覚に深く根差していて、すなわち今もなお中国的な社会秩序構成の中核部分に触れる思想であると思えるのです。さらには市場経済システムが国境を崩したネットワークの中で大規模に展開するようになり、改めて中国的な人間関係の伝統的な構造化の仕方が、意外にもこの全く新しいネット社会にきわめて適合的である可能性もほの見えます。

以下、教科書的な理解のレベルを超えませんが、それでも儒教が社会構造を理論化する仕組みを、次のような孔子のエピソードに象徴的に読み取ることも可能です。

「葉公語孔子曰、吾黨有直躬者、其父攘羊、而子證之、孔子曰、吾黨之直者異於是、父爲子隱、子爲父隱、直在其中矣。」：葉公が孔子に話した、「わたしどもの村には正直者の躬という男がいて、自分の父親が羊をごまかした時に、むすこがそれを知らせました。」孔子はいわれた、「わたしどもの村の正直者はそれとは違います。父は子のために隠し、子は父のために隠します。正直さはそこに自然に備わるものですよ。」（論語子路第十三の十八、金谷訳 1963）

葉公は躬という者が親子の情という「私」を殺して、社会の法という「公」を実現させたことを孔子に誇り、乱世の中、自分の治下ではこれほどに社会がよく治まっていることを自慢したのに対し、孔子はかえって「私」を「公」に優先させるべきだと主張しているように見えます。公私の感覚自体に日本と中国では大きな違いがあると思えるので（溝口 1996）、そこは留保したとしても、いずれにせよ統治者が設定する法的な秩序と被統治者の生きる親子の秩序について、孔子が後者を優先したことはまちがいありません。

「人治か法治か」という問題は中国史の中でずっと大きな対立になり続けたところで、儒家から別れた法家は法治の代表的な統治思想として儒教的な徳治思想に対立していきます。法家は秦が積極的に取り込んで国力を増大させ、始皇帝の代で儒教を駆逐して、ついに史上初の統一国家形成に至るわけですが、やはり極端な文化的多様性を持つ中国社会を統合する原理としては無理があり、間もなく崩壊し、続く漢の時代になって最終的に採用されたのが儒教となり、その後歴代王朝が国教として採用していきます。

ただし法治がなくなったわけではなく、現実の統治行為の中では法家がずっと重要な働きを続け、有名な諸葛孔明などもその思想を重視した一人と言われます。そして現代も改めて「人治から法治へ」ということが、中国社会の古くて新しい問題として深刻に論じられていることにも思い至ります。（ただしこの法治という概念を、欧米近代の法治の観念で理解してしまうとまた混乱が起こるでしょう。それはベースとして中国的な法治の感覚を持っていて、欧米近代の感覚とはかなりズレがあると思えるからです。）

話を戻して、ではなぜ孔子がここで法に反して親を守ることを支持したのかですが、その理由は単純で、社会秩序の根本は親子関係の秩序、親への孝と子への仁にあると考えるからです。この孝の関係があるから、それをベースにして君臣の秩序である忠が成り立ち、社会が治まる。その孝を否定してしまえば、いわば根を断ち切るようなもので、枝葉である忠も成り立たなくなり、社会秩序は結果的に崩壊する、したがって自分は根を優先するのだ、という考え方です。忠に対して孝の優位を説く儒教経典の言葉は他にも見出せます（たとえば礼記曲礼下第二：為人臣之礼、不顕諫。三諫而不聴、則逃之。子之事親也、三諫而不聴、則号泣而随之。君主が三度諫めても聞かない場合、家臣は去れ。親が三度諫めても聞かない場合子は号泣してこれに従え）。

ここで注目したいのは、儒教的な統治思想が「家族」というごく身近な秩序構造の論理をベースに、それを抽象化し、一般化する形で成立しているということです。現代でも中国では自分の先生を「師父」と呼び、その奥さんを「師母」、同じ師を持つ間柄を「師兄弟」と呼んだりする慣習が残りますが、人間関係秩序を家族関係に擬して作り上げるシステムはあちこちに簡単に見出すことができます。日本でもやくざ社会の倫理観には今も強烈にそれが生きていますし、戦前には「臣民」を「赤子」と言うなど、統治者を親に見立てたり、仲間関係の兄弟姉妹のように語ったりするような考え方もまたいたるところに見られます。いわゆる擬制家族のシステムです。

これもまた、大きな社会秩序が小さなEMSの論理の反復によって成り立っている例と見ることが可能です。各地の政治スタイルがそれぞれの社会に特徴的な文化性を色濃く持ちやすいのも、政治家がその成育歴の中で文化的に作り上げてきたEMSを、政治の場面でも応用しているからだと考えればわかりやすいでしょう。

そう考えれば、ある社会全体の特徴を理解するために、システム総体に俯瞰的な目を向けるのではなく、きわめて小さな家族などの単位で、そのごく些細で身近な相互作用の論理をていねいに分析することがそれなりに意味や合理性、そして有効性を持つことも見えてきます。

歴史学においても同様の理由で、客観的な社会構造の分析に偏らず、個々の「人物」に視点を置いた心理学的分析も改めてもうひとつの客観性を持つ分析方法として位置づけられるのではないでしょうか。その場合歴史は共同主観的現象として理解されるものとなりますが、たとえば中国社会にとって人物の歴史を軸とする「正史」がどれほど重要な意味を持つ文化的ツールであったかについても、その視点からは理解しやすいように思います。あの「正史」なくして中国社会は存在できなかったでしょう。それは今も歴史ドラマによって、普通の人々の心の中に再生産され続け、人々の生き方を左右し続けています。

俯瞰的に事態を見れば、人間の社会はこのような形で水平方向や垂直方向にEMSが連なっていく形で作られていくものとして理解が可能になります。このうち垂直方向のつながりは中央集権的に構成されることで、比較的その境界線が明確になりやすい性質を持っています。上位に位置した同一の規範的媒介項（の位置を持つ人物）を象徴とすれば、それでそこに連なる下位の主体はひとつの同質集団を形成するものとして区切りやすいからです。水平方向の拡がりを持つ関係も、それぞれの規範的媒介項に共通する、もう一つ上位の規範的媒介項を生み出すことで、それを共有する人々の集団というものを想定することが可能になっていきます。

8-4　規範的媒介項のズレと集団の実体化

ここで再び（関係的に成り立つ）個の見えの視点に立ち戻ります。

第2章で言及した共同性の差と、第5章に述べた集団の実体化を、EMSの図式を用いて改めて説明し直してみます。第7章の図7-2を再度ご覧ください。人が他者と相互作用をする時、自分のそれまでの経験などをもとに、相手との間に自分なりのEMSを作ろうとしますが、その場合、基本的には相手も同質のEMSを立ち上げて来るだろうと暗黙裡に想定されています（図左の女の子の視点）。ところが実際にやりとりしてみると、どうもうまく立ち行かず、トラブル続きになることがあります。

この時、比較的起こりやすい反応は、自分が立ち上げようとしている規範的媒介項は相手も同様にそれを立ち上げ可能なはずであり（共有しており）、それは「常識」なのだから、相手はそれに違反しているのだ、と理解することです。このような理解が成り立つと、相互作用を成り立たせるには「いかにして相手を矯正し、自らが持つ〈常識〉に相手を従わせられるか」、ということが実践的な課題となります。図7-2の右側が、そのような形で問題を「解決」した状態を表わしています。

この場合、女の子は自分の持つ「常識」を相対化することなく、絶対的なものと信じ込んで相手にそれを押し付ける形になっていますが、そのような確信は論理的に成り立っているというより、実は「みんなが当たり前に思っているから」であることが普通です。次のエピソードを見てください。

【エピソード7】私の物とは？

授業で学生にこんな質問をしてみました（以下概要です）。

私　「この鉛筆（学生の持ち物）は誰のものですか？」

学生「私のです。」

私　「あなたのなのですね。どうしてそれはあなたのものなのですか？」

学生「私が買ったからです。」

私　「あなたが買ったからですね。ではどうしてあなたが買うとあなたのものなのですか？」

学生「え？　だって私が買ったら私のものだからです。」

私　「ですから、あなたが買ったらどうしてあなたのものなのですか？」

学生「え？　だってそんなの当たり前、常識じゃないですか？」

私　「なぜ当たり前なのですか？　その理由は何でしょう？」

学生「法律でもそうなっているし・・・」

私　「法律でそうなっていると、どうしてそれはあなたのものなのですか？」

学生「・・・」

私　「ではこれはあなたのものであることは証明できないのでしょうか？」

学生「そうなるのかも……」
私　「ではこれは私がもらってもいいですね？」
学生「だめです！」

いろいろな学生に聞いてみましたが、とりあえず持ち出す理由は「もらったから」とか「そこにプレゼントした人の気持ちがあるから」とか、いくつかヴァリエーションがあるものの、「どうしてそれであなたのものと言えますか？」という問いを数回繰り返すだけで、簡単に行き詰まってしまいます。日常生活であまりにも当たり前のこと、常識として受け入れていることを改めて問い直されることほど、人にとって困ることはありません。（私たち心理学者を困らせるのは簡単で、「心って何ですか？」と聞き続けるだけで、だいたいは混乱して行き詰まってしまうようなものです。）

実際にはエピソード3にも見たように、この所有の感覚は社会や時代によって実にさまざまで、自分の持っている感覚は決して普遍的なものではないのですが、そんなことをいちいち考えていたら、日常の買い物すらできなくなってしまいますから、そこは問わずに生きているのが実情です。それを「常識」と「信ずる」ことで人は社会的な実践を成り立たせ、現実に生きているわけです。

私たちがEMSを立ち上げる時、そこに成立する規範的媒介項は「常識」として相手と共有されており、またそれは個別の相手だけではなく「みんな」に共有されていると信じて行動していることが普通であるわけですが、現実にはそれが通用しない場合があります。最初はそれは相手が「非常識」な人で、「逸脱者」なのだという形で問題を処理しようとするわけですが、エピソード4にも見られたように他にも同様の人がいたり、あるいはエピソード2にも見られるように相手が自分の行為の正当性をこれも「常識」として信じ込んでいることに気づいたりすることで、それまで自分が「みんな」と思ってきたことについて、その枠に当てはまらない「人々」が見出されてきます。

ここで規範的媒介項の相対化が起こるわけですが、この状態を図8-4のように表現することができます。主体aと主体bが異なる規範的媒介項を立ち上げて関係を調整しようとしているために、コミュニケーションに不全が起こっているという理解です。ここで言うコミュニケーションは物を介した相互作用でもいいし、何らかの対象の理解をめぐるコミュニケーションでもかまいません。

ここで規範的媒介項というものは、個人的なものではなく、人々と共有されたものとして、共同性を持つと思われていたのですから、その正当性を与えているものはその「ひとびと」、すなわち集団ということになります。つまりここで主体aとbは、「異なる集団に属する主体」であるという理解が成り立ち、それぞれの規範的媒介項の背後に異なる集団が実体化されて感じられてき

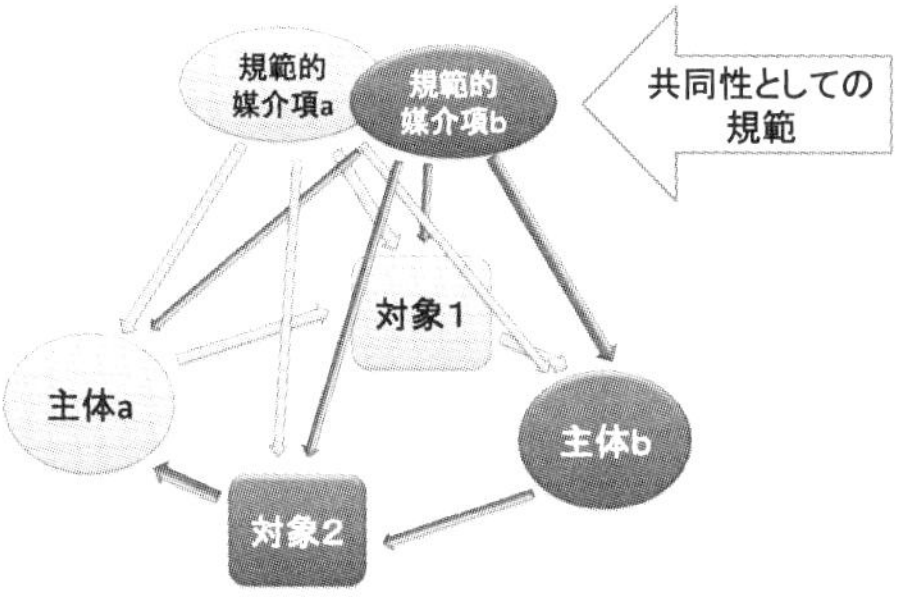

図8-4　規範的媒介項のズレとしてのディスコミュニケーション

ます。その状態が図8-5です。

第2章と第5章の議論を思い出していただきたいのですが、ここで異質な共同性を感じさせるものは主体の振る舞いでも、その主体が生み出す物質的産物でも、あるいは振る舞いの集積として立ち現われて来る制度でもかまいません。何であれ、それらの実践行為を生み出す規範的媒介項にズレがあると感じられればそれでよいのです。そこからその規範的媒介項の背後に、それを所有し、または生成する力の主体として「集団」が立ち現われてきます。

さて、そのような形で、主体が感じた相手との差がその相手との個人レベルでの違いではなく、お互いが属する集団間の違いとして感じられるようになると、今度は自分の「常識」が文化的な常識として意識されることになります。するとその常識に従った行為は、文化的な意味を持つことになり、それに沿って行われる実践は、文化的な実践として意味づけられ直すことになります。図8-6ではその関係を模式的に表現してみました。見やすいようにEMSの対象項は省略し、そのEMSの形をとって生み出される実践はEMSの外側

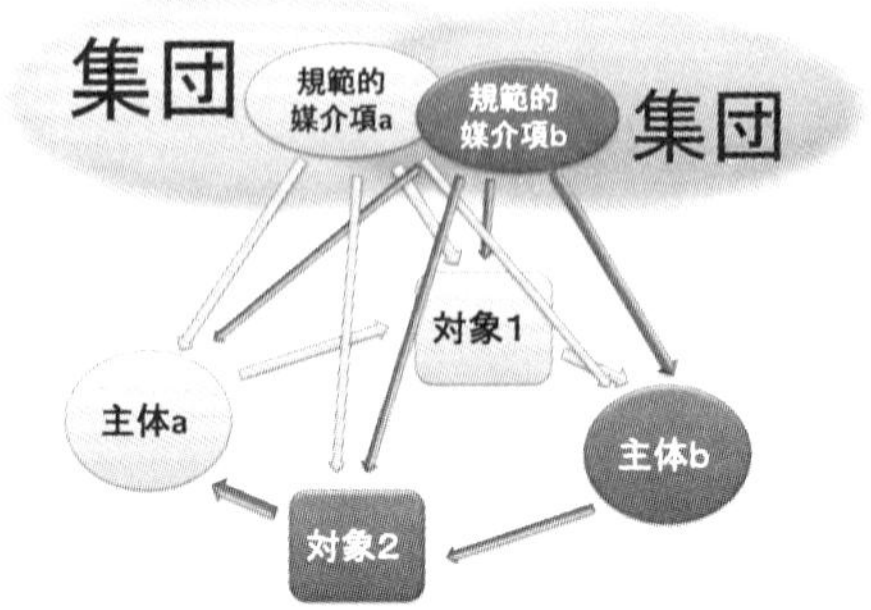

図8-5　実体的な集団の立ち現われ

に表示してありますが、別にＥＭＳの外側にそれがあるという意味ではありません。

このような構造をもって主体の行為は文化的な行為として位置づけ直され、集団は異文化集団との対比関係の中で独自の意味を強めていきます。すると今度はその文化意識によって個々人の意識や行為が自覚的にも方向づけられるようになり、その文化的な再構造化が進むことになり、他集団に対する自集団の独自性が強化され、主体の文化的アイデンティティが強化されていくことになります。

文化集団の実体化のプロセスをこのように理解すると、文化集団というものはあらかじめそこに存在する実体ではなく、個々のＥＭＳを立ち上げつつ成立する具体的な実践行為の中で、行為の文化的再体制化を伴ってそのつど実体化して現われるものであることが了解可能になるのではないでしょうか。

8-5　まとめ ── 文化実践としての文化認識

まとめます。

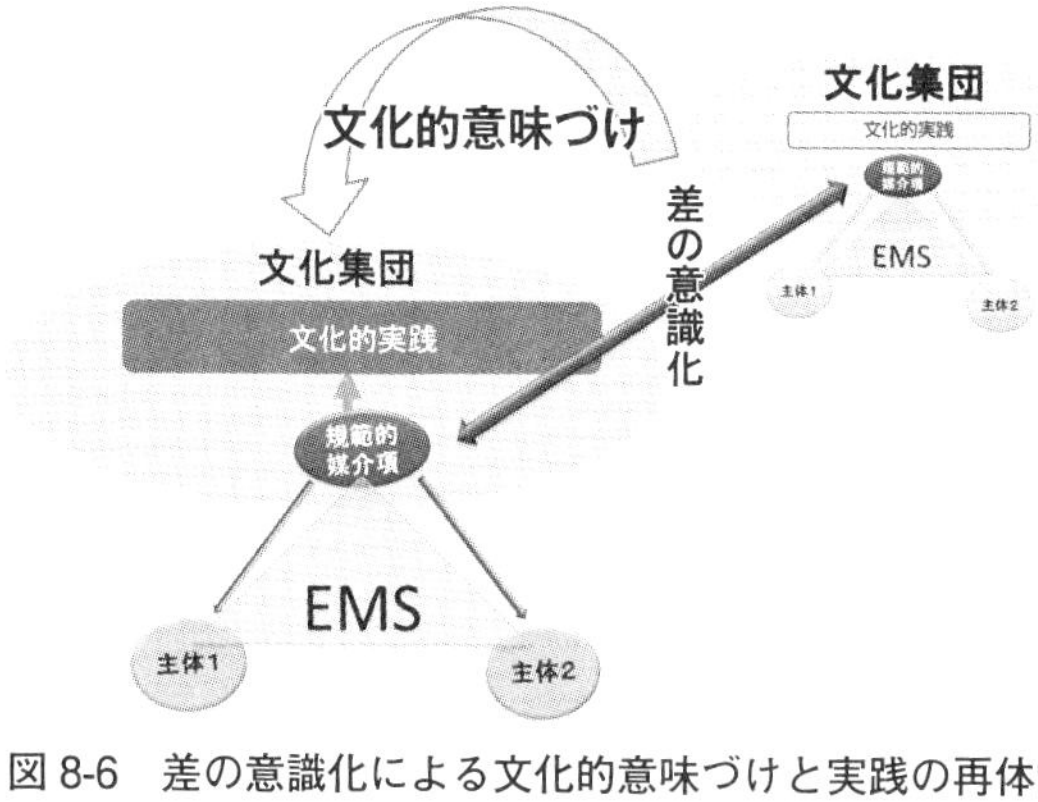

図 8-6　差の意識化による文化的意味づけと実践の再体制化

ＥＭＳは人間の社会的な行為を可能にする基礎単位として想定されていますが、複数のＥＭＳがつながり、反復的に組み合わさっていくことで、ネットワーク型の水平的な集団や中央集権的な垂直的集団が機能するようになります。特に後者では、下層のＥＭＳにとって規範的媒介項の役割を持つ主体が、上層のＥＭＳにとってはその底辺の構成員になる、というような二重性が存在し、そのような二重性を持ちながらＥＭＳが構成されることがＥＭＳの本来の姿でもあります。このような心理学的システムによって人間社会は入れ子構造を可能にし、ＥＭＳを形成できない他の類人猿には見出されない複雑な入れ子構造や階層性を持つ社会を可能にしていきます。

ネットワーク型のつながりはその集団の境界線は不明確であることが基本です。逆に中央集権的なつながりは境界線が明確になりやすい性質を持っています。それは後者では上位の特定の規範的媒介項（またはその機能を持つ個人）が、逆さにした樹形図状につながるそれ以下の主体の集まりを象徴する形で、主体間に集団の差を持つ切れ目が入れやすい構造があるためです。ネット型のつながりも、一つ上位に共通する規範的媒介項を見出すことで、ある程度まとまった集団として機能する可能性があります。いずれもＥＭＳのピラミッド型の構造が集団の境目を生み出す形になります。

そのように他の集団と切れ目が作られ、他と区別され始めるとともに、集団が自律的な一つの主体として立ち現われ始めます[10]。すると一つの主体として現われた集団が、次に異なる集団との間で主体間の関係を構成する可能性ができます。系統発生的に見てこの集団間の相互作用を可能にしたことが、人間を他の動物の社会的行動から区別する大きな一歩であった可能性があります。文化はそのような主体化された集団の属性として、その集団を機能的に実体化するうえで重要な役割を果たしているとも考えられます。

このような経緯を経て、文化認識は人の実践行為を文化的なものとして再体制化し、集団を文化集団として機能的に実体化させ、個人を文化的個人として意味づけ直し、そのアイデンティティを再構造化することになります。この意味で文化認識の形成はそれ自体が文化的実践そのものでもあるということになります。

そのような形での集団の主体化、実体化が可能になる心理学的仕組みは、やはりEMSという単位レベルで説明が可能です。集団はあらかじめ実体的なものとして、天空に浮いているかのように客観的に存在するわけではなく、個々人の具体的な実践活動の中にそのつど機能的に実体化していくものですが、文化集団は人々が相手とのコミュニケーション不全を、規範的媒介項のズレとして認識することによって可能になるのだと考えられます。文化集団の実体性は、このように見れば主体の外部にある客観的物理的実体として無理に想定する必要もなくなるわけです。

では、そのような形で文化集団が機能的に実体化し、そして文化認識の形成それ自体がひとつの文化的実践行為として成り立つのだとすれば、文化を研究するという行為の意味はそこでどのように解釈され直すことになるでしょうか。

最終章ではこの問題を論じます。

第9章　文化意識の実践性と文化研究

9-1　比較文化研究が立ち上がるとき

他者との具体的な相互作用を通して、自分の予期せぬ、自分の常識からは外れた現象に出会い、自己のEMSが相対化され、他の質のEMSとの対比でそれが独自の質を持つものとして見えてくる時、そこに私たちは「文化」を感じることになります。次のエピソード8は、そのような形で研究者としての私にとって、ある些細な振る舞いが「文化」として立ち現われ、ごく単純な比較文化的調査に進んだプロセスです。

【エピソード8】手のつなぎ方の文化性

1995年に中国で子どもを連れて旅をしていた時のことです。河北省であるおじいさんと知り合いになり、子どもと一緒に写真を撮らせてもらいました。おじいさんはやさしく微笑みながら、子どもの手

首をつかんで立ちました。普通手のひらを合わせるだろうと思い込んでいた私は、それを見てとても驚きました。

その後、特に注意していたわけではありませんが、中国で時々同じようなシーンに出会うことがあり、恋人同士でも相手の手首や前腕を持って引っ張っていくような場面にも出会い、いったいそれが何なのか、何となく気になっていました。

それから数年たって1999年に中国東北部、吉林省の延辺朝鮮族自治州で調査をしていた時のことです。ここには80万人余りの朝鮮族が暮らしていて、その自治州の中での民族人口比は40％を切るくらいです。母語はだいたい朝鮮語で、今は変化がありますが、もともとは民族学校に通う生徒が大部分です。学校も朝鮮語を主とし、第二言語として中国語（漢語）を習得します。街にはハングルや朝鮮語があふれ、漢民族と入り混じってではありますが、普通に「朝鮮文化」の中で暮らすことができます。朝鮮族は伝統的に異民族との通婚に消極的で、学業が優秀であるという評価は漢民族からも受けており、民族意識はかなり強いとみられています。

その自治州の州都である延吉市の街を歩いていて、ふと朝鮮族の親子は手のひらを合わせた手のつなぎ方が多いことに気づきました。その瞬間、手首を持つ中国の手のつなぎ方が、漢民族が数千年をかけて歴史的に作り上げてきた親子関係の特徴を象徴的に表わす、きわめて文化的で歴史的な行為とし

であると私には見えてきたのです。

そこで、北京市にある漢民族が主に通う幼稚園（幼児園）と、延吉市の漢民族の主に通う幼稚園、同市の朝鮮族が主である幼稚園、そして日本の奈良の幼稚園で、登園時に親子がどのような手のつなぎ方をしているかを観察してみました。結果は全く予想通りで、朝鮮族の通う幼稚園の場合は手首を持つつなぎ方はまれで（3・6％）、日本（3・4％）と差がありません。一方北京の漢民族では、ほぼ3分の1に当たる31・9％で親（保護者）が子どもの手の甲や手首、腕をつかんでおり、朝鮮族と混住している延吉市では、その比率は下がって11・9％でした（山本 2000b）[11]。

（写真はいずれも山本撮影）

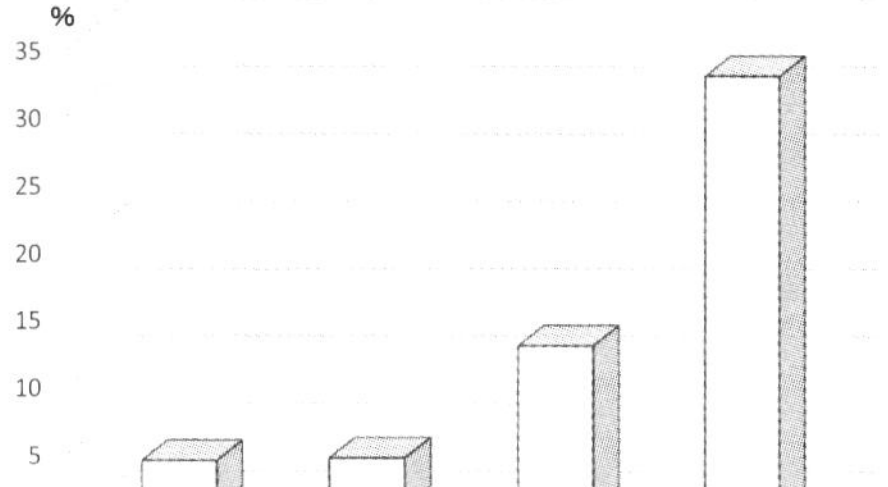

図 9-1　親が子の腕を持つ手のつなぎ方の比率

この朝鮮族の手つなぎについて私が「気づいた」時、他にも日本人や現地の朝鮮族の共同研究者も一緒に歩いていました。私がちょっと興奮気味にその話をすると、彼らは「え？　そうなのかなあ」とよくわからない感じで、現地で生まれ育った朝鮮族の友人もぴんと来ない反応でした。その時点では、それは私にとってだけ文化的な現象として立ち現われ、その文化認識は他者とは共有できなかったことになります。

なぜこの手つなぎが私に歴史文化的なものに見えたのかということについては少し背景説明が必要ですが、ごく簡単に言えば、漢民族の歴史の中では親主導の厳しい教育が普通であり、親は断固とした姿勢で子どもに臨むのが一般的だという点に私がとても関心を持っていたからです（山本 1997b：ただし北方の漢民族と南方の漢民族でも違いが感じられます。もともと南方は百越などの異民族の土地で、のちに漢民族に融合されていきましたが、今でも言語も体格も違います。遺伝的に人種を見ても北は新モンゴロイドが多く、南は古モンゴロイドが中心と言われます）。

比べると日本は「おだやかさ」の印象が強く、そのことを非常に重視する子育て思想が歴史的にも目立ち、室町時代くらいの子育て関連文献を読んでいても、当時の中国と比較した時の「文化差」が今と全く同質に思えて私は驚いていました。一方朝鮮族の子育ては、私にはかなり日本との共通性を感じさせる点が多く、非常に柔らかさを感じさせるものが目立ち、同じ中国の中でも、漢民族とはいろいろな面でかなり重要な生き方の違いを持つ独自の集団のように感じ始めていました[12]。

そういう私の問題意識を背景に手首をつかむ手のつなぎ方を見ると、それは親が断固として子どもを引っ張っていくような強い姿勢を象徴し、日本の「まずは子どもに合わせる」ようなスタイルとの好対照を示しているように見えてきたのです。そういう歴史性を持って安定して反復的に感じ取られた対比文脈の中に置かれた時、手つなぎは強固な歴史文化的伝統として立ち現われたのでした。

つまり、私はそれまでの経験から漠然と朝鮮族と漢民族の違いを印象付けられ、またいろいろな面で朝鮮族と日本の相対的な近さを感じ、漢民族と日本人の中間に朝鮮族が位置する印象を得ることも多く、そのお互いの違いを探る意識があったことになります。その意識にこの手つなぎという現象がすっとはまったことで、そこを手掛かりに「文化差」を調査してみる気持ちになりました。

文化比較研究というのは、もともと「差」を見つけようとする姿勢を持っていますから、何かしら集団間を区別できるような象徴的な現象が見つけられないかに関心が向きます。そしてデータで差が確認されることで、「やっぱり違う」という確信が得られ、集団間の差異が実体性を持って現われてくることになります。

上記の手つなぎ研究でも、親の主導権を強く表わすように感じられる手つなぎの比率には、集団間で統計的に明らかな差がありました。統計的に明らかという意味は、見出された数値上の違いが確率論を使って評価すると、偶然に得られた差であるとは考えにくいということです。

9-2　眼差しの差としての文化差

けれども第3章で検討した「文化集団の虚構性」の問題がここでもそのまま当てはまるのですが、私が行ったのはもちろん「全数調査」ではなく、「サンプル調査」になります。その調査の対象となったごく一部の人たちのサンプルデータの傾向を見て、母集団の性質を推定するという方法です。ところがそのサンプルはいったいどの母集団を代表しているのか、ということについては、それを決定する明確な基準は作れません。「まあだいたいこんなものだろう」というあいまいなものです。

ですからこの調査で四集団間に差が見られたとしても、それが「漢民族」と「朝鮮族」と「日本人」という集団の差を代表しているのかどうかは、全く保証の限りではありません。もしかすると「都市部に住む漢民族（朝鮮族・日本人）」の比較かもしれないし、若い世代に限られた話かもしれないし、日本のデータは関西の性格である可能性も即座には否定はできないし、奈良だけの性格か、極端に言えば調査した幼稚園だけの性格かもしれません。「たぶんそれは日本全体の傾向で、その園だけなどとは考えにくい」ということを、それまでの経験から推定しているだけのことです。

さらに第3章でも検討したように、そもそも母集団として想定されたそれぞれの集団自体、明確な境界線を持つものとは考えにくいわけです。特に漢民族など、上記のようにその内部で言語ですらお互いに外国語状態ということも珍しくなく、民族形成の歴史を見ても、実に多様な民族が雑多にまじりあって構成された集団であることは明らかで、そのうちの一部のデータでどこまで全体の傾向が推定できるかについては、もともと断定的には言えない構造を持っています。集団の虚構性を論じた際に問題にしたように、「全体」そのものが不明確なのです。

また具体的なデータの中身を見ても、そこで確認できるのはあくまでも相対的な比率の差で、しかも一番比率の高い北京の漢民族のサンプルでも3分の1弱に留まり、その比率は日本の10倍近くではありますが、決して「全員がそうだ」ということではありませんし、多数派ということでさえありません。言えるのは、「このサンプルの人たちはこういう傾向が相対的に強いですね」ということまでです。

にもかかわらず、この事例はそれぞれの文化集団間の違いを、質的にとてもよく表わすものになっている印象が消えません。実際保育学会で発表した際も、聞きに来てくださった方たち（子どもに接する機会が多く、大人と子どもの関係にもとても意識的な方たちになります）は一様に、この現象に驚かれていました。それは単に数字上の差異の問題ではなく、「子どもへの接し方」の基本的な感覚について、想像を超える「異質な共同性」をそこに感じさせられているのです。

同様の事態は、私たちのお小遣い研究でも繰り返し生じています。たとえば次のエピソードをご覧ください。

【エピソード9】どうしておごらないの

ある日済州島済州市郊外の町に行き、韓国人共同研究者の呉宣児さんの知り合いのお宅におじゃましました。近所の方にも声をかけていただき、三組の家族の話を聞かせていただくことができました。次の相互作用は、小四の男の子とそのお母さんとの話です（実際は通訳を介したやりとりです）。

私「お小遣いの使い方のことで、お父さんとかお母さんに怒られたことある？」

子「（お小遣いを）あんまり使わなかったので言われたことがあります。」

私「もっと使いなさいって言われたの？」

子「全然使わないのも良くないと言われました。」

私「それはどうして？」

母「お父さんが子どもの教育についてよく言うことなんですけれど、『友達と一緒にいるのに、自分一人で買って食べるのはよくない。その時には一緒に買ってあげなさい』とか。」

私はインタビューをしながら、ほんとうに驚いてしまいました。

日本で生まれ育った私の経験では、子ども間のおごりは基本的に「いけないこと」という感覚でした。北は青森から南は福岡まで、各地で生活した経験がありますが、その感覚についてはどこでも差を感じませんでした。おごりをはでにやる子どもの話も聞きますが、その場合も「不良」と見なされたり、否定的に見られることは変わりませんでした。金銭教育問題に熱心に取り組まれている方にお尋ねしても、やはり、親がお小遣いについて一番悩む問題が、「おごりを勝手にするのをどうしたらよいか」という問題だということでした。

（山本 2002）

ところが韓国でのこのひとつのインタビューで、その常識が覆されてしまいました（山本 2002）。ここで覆されたのは、「実際にどの程度おごりをしあうか」ということの頻度ではありません。韓国の子どもたちは調査をしてみると、確かに日本の子どもたちに比べればおごりをより頻繁に、広範囲の項目で行っていることがわかります（呉 2003; Oh et al. 2005）。けれども割り勘のことも少なくはありません。「おごりあいはしんどいから、割り勘の方が楽だよね」ということを、日常の中で呉宣児さんたちが女性同士語り合うこともあることだそうです。

逆に日本では割り勘は確かに多いですが、子ども間のおごりが全くないわけではないし、あるからこそ、親がそれを問題視したりもします。

ですから、問題なのは「おごるかおごらないか」という問題でもないし、「たくさんおごるかちょっとしかおごらないか」という頻度の問題にも解消されません。第3章で述べたとおりです。エピソード9のインタビューが私に衝撃を与えたのは、そのおごりという行為を見つめる「眼差し」の質だったのです。

図9-2を見てください。これは2006年に群馬県の学校の先生を対象に行った質問紙調査の結果（子どもとお金研究会2006）で、「子どもどうしのお小遣いを使った日常的なおごりあいについて」お尋ねした項目です。「一般的にはとてもよいことだ（1）」から「一般的にはとてもよくないことだ（5）」という尺度で評価をしてもらったところ、その評価の平均値は高校の先生で心持ち下がるものの、それも含めて、ほとんど有無を言わさないくらいの強さで「よくないこと」と判断されています。

判断の理由は、「人間関係を悪くする」「トラブルにつながるため」「おごる、おごられるの関係が、ひいては支配・従属の関係につながり、いじめ問題につながる危険性がある」「人からいただいたお金だから大切に使わせたい」などが主なところになります。東京で親にインタビューをしてみても、だいたい同じような理由に頻繁に出会います。

同じ「おごり」という行為について、上のインタビューと

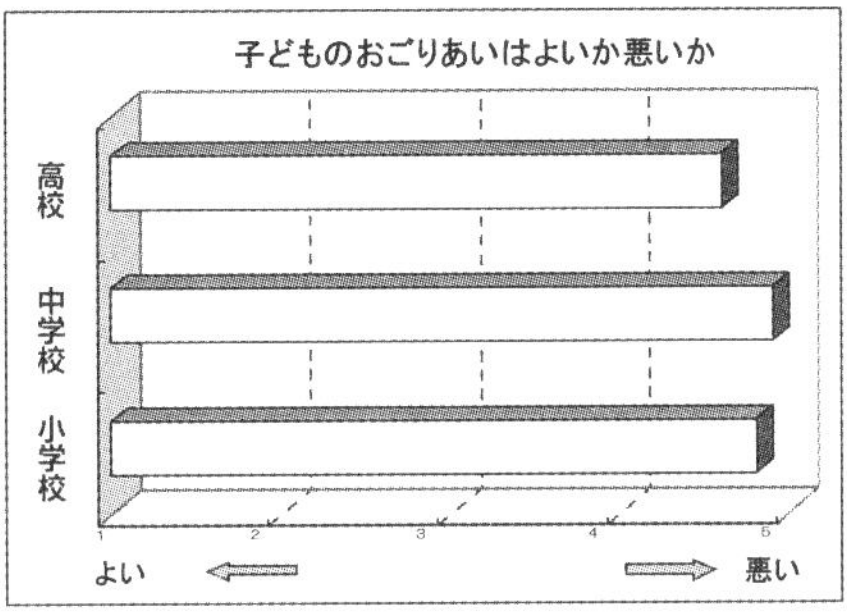

図9-2　群馬県の教師の「子どものおごり」に対する評価

の間でこれほど大きな眼差しの違いが存在しているわけです。済州島の家族にこの理由を伝えたとすれば、ほとんど理解不能と思われるでしょう。この家族にとってはおごりは「人間関係をよくするため」に行われることであり、「トラブルを起こさない関係づくり」で「友達同士の対等な思いやりの関係を生む」ものであり、「そういうふうに友達との間で大切に使わせたいから親も子どもにあげる」ということになります。こういう考え方は済州でもソウルでも、普通に出会うものでした。だからこそ、たとえ負担感を伴ってもやろうとするわけです。

9-3 文化が発生する次元としての規範性・共同性

私たちが出会う「文化差」は、「する⇕しない」「ある⇕ない」の単純な差ではありません。文化差について語ると「そういうことは、こっちにもある」「人によるんじゃない？ 個性の話では？」という疑問にしばしば出会います。いずれの社会にもどちらの要素も存在し、個人差があること自体は間違いないのですが、しかしその疑問は、文化差という問題の中核部分を外れてしまっています。

私たちはそれぞれの生活の中で、何を良いとし、何を悪いものとし、何を大事にし、何を否定し、何を求め、何を避けるか、そういう価値判断の基準を常に作りながら行動しています。その基準はその人の性格や育った経緯などによってさまざまになりますから、個人による違いも大きいのですが、しかしお互いの間でその違いを調整しながら、どこかで一致するものを見出したり、妥協点を見出して生きています。それが私たちが「共に生きる形」であり、「共同性」というもの、すなわち文化です。

あらゆる規範がそうですが、すべての人が、すべての場合に規範に沿って生きることはあり得ません。というより、それが不可能であるからこそ、規範が設定されることになります。規範はそれが否定される事態が常に起こることを前提に存在しているのであり、そうでなければあえて規範をうんぬんする必要もないわけです。いろんな人がいるからこそ文化が生成し、その間をつなぐわけですから、そこに「個性の差」を持ち出して文化を否定してみても、それは次元の異なる話で、単に「私は文化のことは考えません」と宣言しているだけの結果になり、議論が全くかみ合いません。

その限りで、規範は事実の問題ではなく、理念の問題です。それを基準に人が行動を方向づけ、人との関係を調整し、共同して生きる形を作り上げていくための一種のツールです。理念は事実ではありませんから、現実の世界を見れば、理念に反する事例はいくらでも見出すことが可能です。むしろそれがないことは考えにくいでしょう。しかしだからといって理念は意味がないわけではなく、逆に私たちの世界はそういう理念があるから成り立っているわけです。

本書のここまでの議論で、ＥＭＳの規範的媒介項に象徴されるようなそういう理念の働きはある程度説明できたのではないでしょうか。それは虚構ですが、しかし相互作用を成り立たせるにはその虚構が不可欠になり、その意味で虚構が機能的に実体化し、そして実体化した虚構が私たちの生きる現実世界を作り上げていき、その世界の中で私たちは現実に生きていることになります。

文化はその次元に発生するものです。それは物のような意味では虚構ですが、同時に共同主観的には実体です。それは人が他者と共に生きる工夫なのであり、その工夫がうまくいけば関係が安定し、それに失敗すれば関係が崩壊するような、そういう性質のものです。関係が安定しているということは文化が機能的に実体化していることであり、関係が崩壊する時にはそれが虚構となるわけです。それは物のような実体性ではなく、人と人の関わりにのみ生み出される実体性です。

異質な文化が、たとえ少数事例でも強い印象を持って私たちの前に立ち現われることがあるのは、それが自分が自分として生き、人と共に生きる、その理念的な姿勢に関わる部分で、自らを否定されかねない可能性に出会うからです。カルチャーショックが深刻なのはそれ故です。文化間対立が悲惨な結果を生みがちなのは、それがお互いの生き方の根本に関わって来るからです。

文化は共に生きる形の模索の結果として生み出されていきます。文化の対立は共に生きる形の模索が失敗したことを意味しています。経済は、物質的な世界をどう分かち合うかの問題でもあり、それに失敗する時、激しい対立を生みます。けれども人間はその物質的な世界に人間的な意味づけをして関係を調整しています。図6-9のようにEMSが経済活動の規範性についても表現しているのは、そういう意味です。そこに文化的な意味づけが絡んでくるのです。

その意味で、経済的な対立は意味づけの調整の失敗という面を必然的に持たざるを得ません。そこにこそ、文化を改めて研究する社会的な実践的意味が出てくるはずです。それは空虚な理念のお題目を論ずることではありません。経済面を含む生き方そのものを論ずることです。経済はむしろ、人間の文化性を持ったコミュニケーション活動の一側面としてとらえられ直す必要があります（Yamamoto & Takahashi 2007; 高橋・山本 印刷中）。

文化はそういう相互作用を方向づける規範や価値といった理念の次元で成り立つわけです。個々の具体的行動が多様性を持つこと、そこに逸脱が発生することは大前提の話なのです。第3章で問題にしたような文化集団の内部の「例外だらけで時に多数派ですらない」といった性格、あるいは外延と内包の不明確さはそのことのごく自然な結果となり、文化集団の持つ機能的実体性と何の矛盾もないのです。

9-4　主観的現象の客観的研究とは

再びエピソード8や9に戻ります。

私たちが研究者としてある文化現象を見出し、それについて調査を行おうと考えたのは、その現象が自分の感覚、理念、常識、規範意識とズレるものであったからです。そのズレの感覚は、基本的な人間関係の作り方に関わる、かなり根の深い差の問題につながっていく可能性を感じさせるものでした。相手の感覚、理念、常識、規範意識を肯定すれば、私のそれが否定されてしまう、そういう「危険性」も感じさせ得るものなのです。だからこそ、そこに「これはいったい何なのだろう?」という強い問題意識が生まれます。

そうやって研究は、そのズレがどの程度安定的な現象なのかを調査によって確定する方向へとまずは進みます。そしてその現象の確定と共に、それが意味するものは何なのか、何がその違いを生み出しているのかという問題の検討へと、必然的に研究は進んでいくことになります。

そのように考えると、研究者にとっても文化は研究者自身の文化的生き方から独立には対象として浮かび上がらないことがわかります。文化研究それ自体が自らの生き方、文化性から独立には成り立ち得ないわけです。文化は差を通して主体に現われてきますが、その差は研究者自身の文化性との対の形で立ち現われてくるのです[13]。そのことは、文化を生きる一般の生活者と何ら変わりがありません。

すなわち、文化研究の成立過程は、それ自体が文化的な現象以外ではあり得ないことになります。とはいえ、研究は日常の生活実践とは異なる質も持っています。研究者が一般の生活実践者と異なるのは、その体験をそのまま生きるのではなく、その体験自体を対象化して分析・検討する点です。その意味で素朴な体験の次元からひとつ身を引いて、「客観的」に対象を理解しなければなりません。そして私の個人的な体験のレベル、個人的で主観的な解釈のレベルを超えて、他者と共有される「事実」や「真理」を見出していかなければならないのです。それが研究者に与えられた社会的な役割のひとつです。研究者はその役割からは逃れられません。

しかしここで大きな問題が立ちふさがります。そもそもその文化という研究対象自体が、ある意味でそれを見る人の主観性（恣意的な文脈の設定によってその現われ方が変化してしまうこと）を離れては存在し得ないことを本書では見てきました。そのような主観性を持つ対象を、どうしたら「客観的」に分析できるのか、という問題です。

「主観的な現象を客観的に研究する」ということは、もともと心理学の課題そのものです。近代に成立した実証主義的な心理学も、そもそもの出発点は自らの主観的な体験を客観的に、実験といった操作で分析する方法の模索として展開してきました。

そこでは精神物理学のように心的な体験を物理的尺度で表現する方法が模索され、それらの変数間の関数関係が追究されたり、生理心理学や脳科学のように現象を客観的な物質的過程である生理現象や神経過程に置き換えたり、認知科学のようにコンピューターで客観的にシミュレートできる情報処理過程として分析したり、あるいは行動主義のように主観的なものとしての「心」を排して測定可能な行動と物理的変数の関数関係として分析しようとしたり、といったさまざまな工夫が積み重ねられてきました。

そしてそれらが一様にその客観性を保証する足場としているのは、研究対象となる現象を、何らかの方法で物理的な操作と測定にのせていることです。物理的な測定は物と物との関係によって対象の属性を確定する方法ですから、操作主義の理念にあるように、対象の同定や測定という行為自体には主観が関わるとしても、測定の過程や結果は他の主観とも共有できるという意味での物理的な客観性を確保できます[14]。後は数学という、これも個々の主観による解釈に依存しない普遍性を持つ手続きで測定結果を処理すれば、それで研究の客観性が承認されます。

ところが文化という対象はこれまで本書で見てきたように、その存在の性格から言って、この意味での客観性は確保し得ないのです。にもかかわらずそれが私たちにある実体性を持って立ち現われるのは、それが図1-9下の共同主観的な一致というEMSの枠組みに載るからで、それ以上でもそれ以下でもありません。自然科学はたとえそれを直接認識できる主体が存在しなくても、それは確固として存在しているという理念のもとに対象の客観性を考えますが（そうでなければ人間が生まれる前に宇宙は存在しなかったことになってしまいます）、文化は主観同士の関係の中にしか存在し得ません。

そうだとすれば、そういう存在である文化を研究するということは、いかにして可能なのでしょうか？

9-5　文化の対話的客観化

　ここで私たちが考えていることはとてもシンプルなことです。対象がそもそも物理的、自然科学的な客観性を持たず、しかし共同主観的な実体性あるいは客観性を持つのなら、その性質にあわせて対象を自覚的に客観化していけばよいと考えるわけです。目指すのは自然科学的な意味での客観的な真理の発見ではなく、対象の主観的な意味づけ、解釈をめぐる相互了解をまずは生活者との、そしてさらには研究者間のコミュニケーションの中で実現していくことです。それはお互いを理解しようとする対話という形でのみ成立します。

　この私たちのコミュニケーション実践としての研究について、ＥＭＳの図式を用いつつもう少し検討してみます。

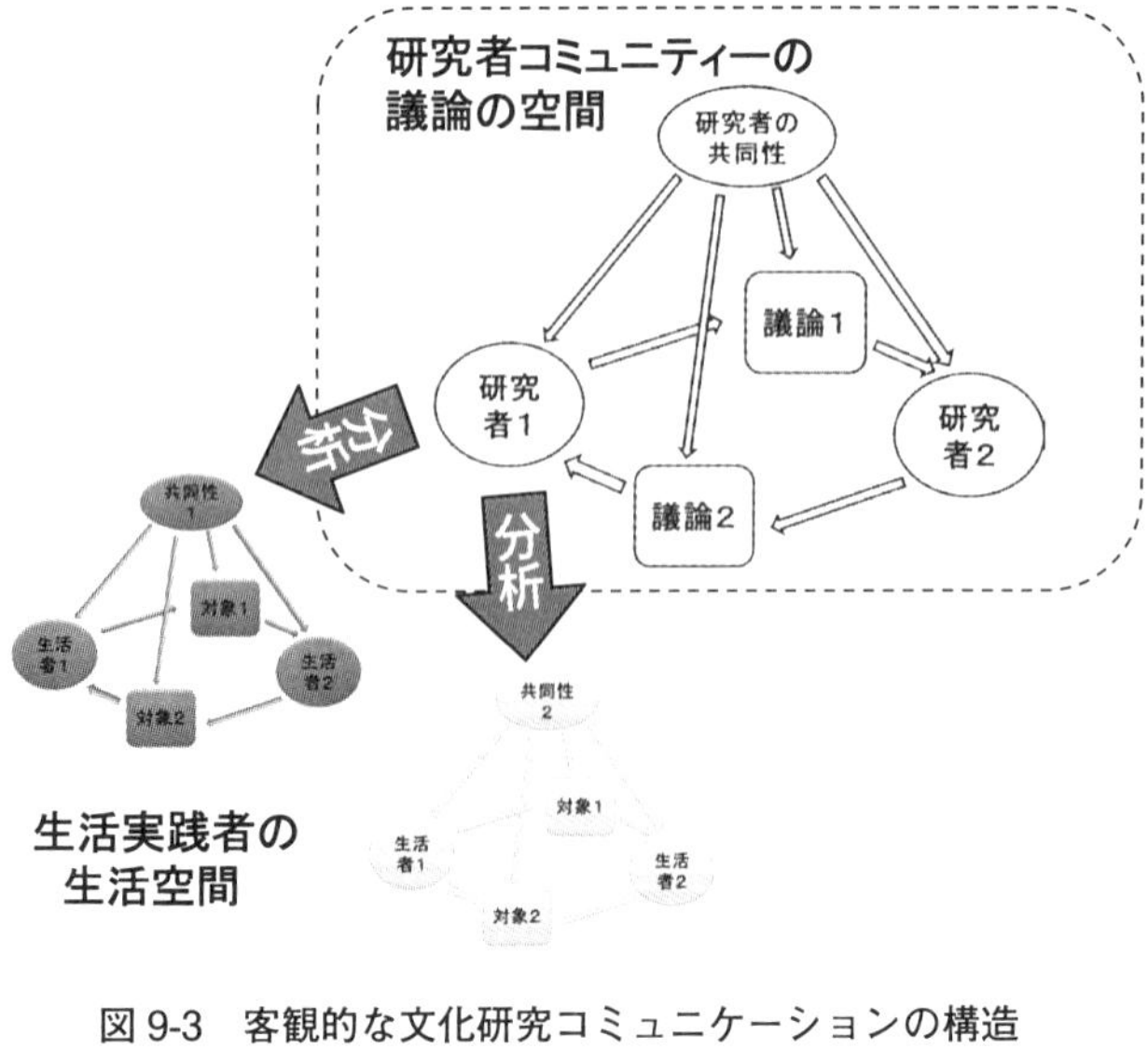

図 9-3　客観的な文化研究コミュニケーションの構造

一般的な文化研究のイメージはEMSの図を用いれば、図9-3のような形で表現できます。すなわち、研究者が複数の文化について比較しつつ、その特徴を分析抽出します。その際、研究者は研究対象者たちの相互作用には参加せず、あくまで客観的な位置から現象を観察することも可能ですし、そうではなく、その相互作用に参与して当事者の一人としてその相互作用をいわば「内側」から体験しつつ、そこで得られた体験をデータとして分析対象とするというやり方も可能です。

そのいずれにしても、研究者はその研究成果を他の研究者と共有しようとします。そこには生活者の生活実践空間とは独立に成立する研究コミュニケーションの空間が存在し、研究者同士に通用する規範的媒介項が生み出されていきます。通常は、このプロセスの中に生活実践者が参入してくることはありませんし、研究者も生活実践者としての自己に縛られることなく、対象を客観的に記述分析することが求められます。自文化中心主義的な視点の相対化、そして普遍的な現象記述と分析は重要な課題です。

いわゆる著者問題は、そのようなスタンスの限界に関わる議論と思えますが（Geertz 1988/1996）、研究実践を生活実践空間から自立するものとして立ち上げようとする限り、この構図を抜け出すことは不可能でしょう。

私たちが想定する研究実践も、文化現象を対象化して（その限りで客観的に）研究者が記述分析するという点では共通ですが、そのような研究活動の空間が生活実践の空間から切り離されたところに成り立つとは考えず、それ自体メタ的な生活実践の一部としてしか成り立たないと考える点で異なります。図9-4はそのような研究の理解を示すものです。

ここでは研究者は一人の生活実践者として、自らの規範的媒介項を生成しながらその意味の世界を生きており、その意味の世界を背負って他者に関わります。研究者同士の間ではお互いの文化理解を語り合い、何らかの共通理解を打ち立てようとすることになりますが、その際語られる文化それ自体が個々の研究者が持つ文化的な意味世界によってしか記述し得ないもので、それを超越した神の視点は取り得ません。

すなわちここで研究者は同時に生活実践者として立ち現われており、その視点から他者の文化を見出し、またそれとの対で自己の文化を見出します。それぞれの研究者はそれぞれに自らの共同性に基づく文化的な生活者の視点を持ち、その視点から異なる文化を理解し、記述することになります。当然異なる共同性を持つ他の研究者との間には、同一の現象を対象としても、その人の文化性が反映される形で異なる記述や異なる解釈が生成してきます。その結果、文化現象をめぐる研究者間のコミュニケーションはすれ違う解釈のぶつかり合いで、うまく機能しなくなります。

そのようにズレた研究コミュニケーションについて、なぜそこでズレが生まれてしまうのか、そこにどのように自らの文化性が

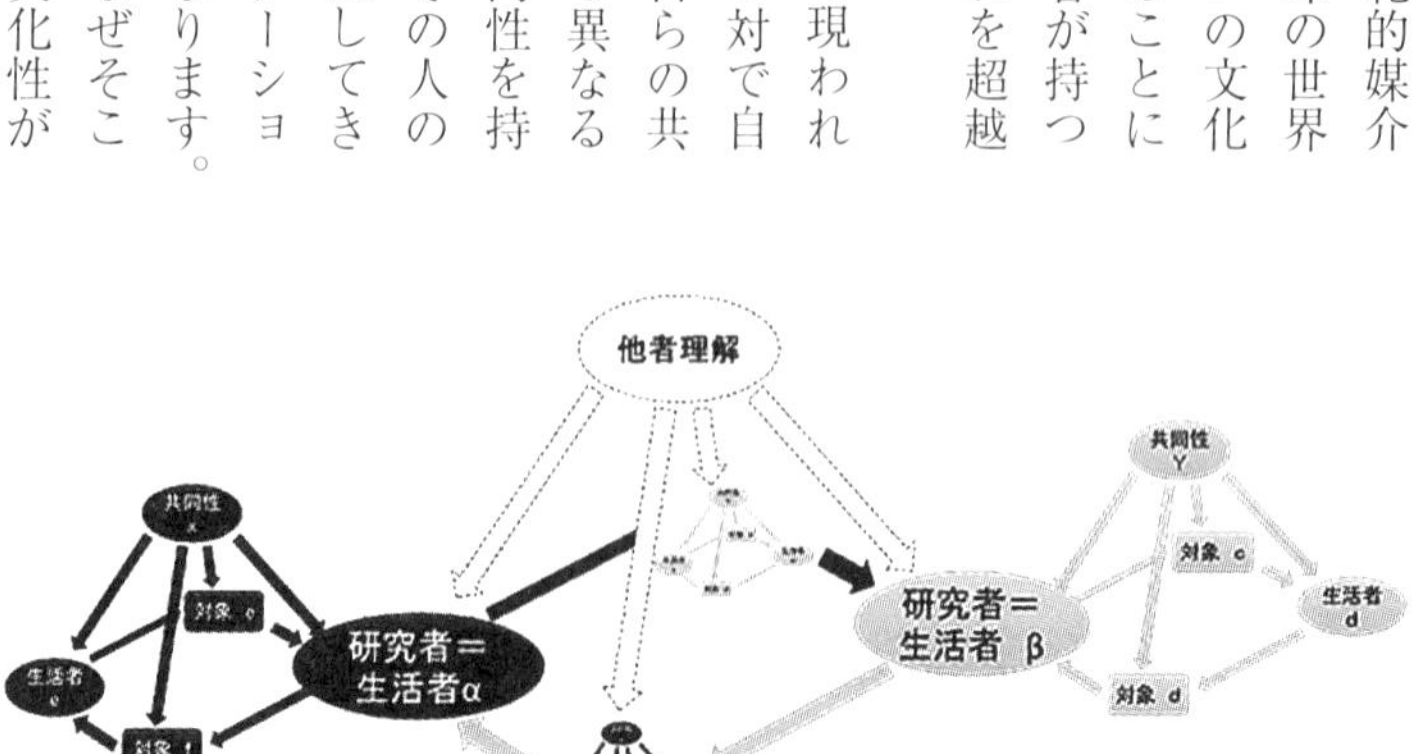

図 9-4　対話的文化研究の構図

関与しているのかを対象化して分析しつつ、改めて相互了解の可能性を探り、両者の間に相対的に安定したＥＭＳを生成していくことが目指されます。それによって自他の理解が更新され、関係の再構造化が進みます。言い換えれば、対象をめぐる新たなコミュニケーション形成という実践が進行するわけです。

ここで研究者が議論するのは、ある意味で生活者の持つ素朴な疑問と同レベルの問題です。たとえば「どうしておごりが奨励されるのか？　それは危険なことではないのか？」とか、「手首を持つ手のつなぎ方は、子どもを尊重しないやり方ではないのか？」といった、一方の当事者の素朴な疑問が投げかけられ、そこから相手からの反論を経て「なぜ自分はそれを危険なことと感じるのか？　なぜ相手はそれを危険と感じないのか？」「自分は何を子どもの尊重と考えているのか？　相手は何を尊重と考えているのか？」といった自己相対化が対話的に進行していくことになります。

そのような自他の規範的媒介項の相互的な相対化によって、コミュニケーションがどこでズレを生み出し、その不全を生んでいるのかがお互いにだんだんと了解可能になっていきます。するとそこで、お互いのズレた規範的媒介項を調整し、メタ的な規範的媒介項を立ち上げる可能性が生まれてきます。それが一定程度安定し、新たなコミュニケーションが機能するようになった時、相互の文化が「理解」されたことになります。研究はそれ自体が、対話的なコミュニケーション実践となります[15]。

9-6　対話実践としての文化研究と具体的一般化

この研究プロセスが生活実践と異なるのは、お互いの生活実践の構造、そこに立ち現われる規範的媒介項の性質を、相手の視点を借りつつ対象化する、という点においてです。その限りで研究者は生活実践の「外部」に立つことになり、自己自身を相対化する過程に入ります。そうやって自文化中心主義を「他者の視点（≠絶対的な普遍としての神の視点）」によって超えられる可能性が与えられます。

このような形で文化が対話的に「発見」され、さらにそこから新たな文化間のコミュニケーションの可能性が模索されていくわけですが、そこで見出された「文化」は、決して抽象的な普遍的実体ではありません。対象化はあくまでも相手の文化性を持った視線との関係で成立するわけですから、相手の視線の質が異なれば、そこで対象化されて見えて来る文化もまた異なってきます。つまり、また異なる文化性を背負った別の研究者との対話では、同じ規範的媒介項が立ち上がる保証はないわけです。これは第2章で文化の現われが比較対象の文脈設定で多様に現われることを述べたことと同質の問題です。

したがって私たちが対話的に見出す文化理解は、あくまでも対話する相手との具体的な文脈の中で生成する文脈依存的なものであり、それがさらに別の文化性を持つ研究者との間に共有されるかどうかはあらかじめ決定不能です。その文化理解はさらにその新たな研究者との対話的な関係の中で更新され、再構造化され、より一般性が高いものへと進みます。

文化研究の普遍性は、そのような過程で一歩一歩相対的に進んでいくものであり、そのような具体的プロセスを超えて、超越的な位置から神のような客観性を持って確定することはあり得ません。個別の文脈に依存した普遍性の漸次的な深化としてあるこの過程を、ここでは「具体的一般化」と呼ぶこととします。文化研究はその意味で、常に自己を更新し続ける、終わりのないコミュニケーションそのものとなります。

そこで明らかになる「文化」は、あらかじめ固定的に存在していた文化ではなく、対話的な関係の現場で生み出され、共有され、それによって新たなコミュニケーション実践を可能にするような動的な生成物なのです。私たちが自らの文化研究を対話的文化理解研究と呼ぶ理由です。対話を通してのみ、私たちは自らを客観的に知り、他者を知り、その文脈の中でのみ文化を知ることができます。そしてそれは異質さを抱えた者同士が、お互いの異質さを否定することなく共に生きる道を探る過程それ自体でもあるのです。研究は、ですからそれ自体が、対立と共生をめぐる対話実践にほかなりません。

9-7 本書のまとめ —— 文化とは何か

本書の全体をまとめます。

第1章で私たちは文化がどう現われるのか、その見え方を探りました。自然物もそれが置かれた文脈で文化として現われ、その現われ方（何という文化か）は、こちらが恣意的に設定する比較の文脈でいろいろ変わり、唯一の正解がなく、その意味で主観的な現象と言えました。しかしいったん文脈が決まると、そこで第三者にも共有可能な「唯一の正解」に向けてお互いの合意を目指せるという意味で、共同主観的な客観性が成り立っていると考えられました。

第2章では文化が立ち現われる文脈の性質を検討しました。まず文化は主体の意図的な関わりの中で生み出されるという文脈がありました。しかし単に意図的であればよいのではなく、そこに他者を意識した価値づけや規範性が必要でした。価値づけや規範性は人の行為を内的・外的に方向づける働きがありました。さらに文化現象成立の背後には個人ではなく、何らかの集団が関わっており、その共同性の差として固有の文化が現われると考えられました。

第3章ではその文化集団の虚構性が検討されました。その結果「○○文化」というものの主体として想定された文化集団について、「どこにそれがあるか」(空間)「いつからあるか」(時間)「誰が構成員か」(成員)といったその外延のいずれも精確に特定は不能であること、また「○○文化」を性格づけ、他の文化と区別する明確な基準を設定することもできず、文化集団は内包からも特定不能であり、したがってそれは一種の虚構として見られ得ると考えられました。

第4章では今度は文化集団の実体性が検討されました。まず異文化体験は自分の「常識」を否定されることで、時に自己の存立を危うくするほどの力を持ち、体験者には文化はきわめてリアルに現われることを述べました。そのうえで恣意的に決められるという意味で虚構の価値や規範が、人々に共有される中で人の行為を規定するように現われ、人々の行為が方向づけられることで社会的実践が現実に機能するという形で、文化集団の「機能的実体化」が起こると考えられました。

第5章ではその文化集団の立ち現われ方が検討されました。文化体験は自分の持つ何らかの基準（常識・規範・価値意識など）からズレた現象との出会いに出発し、そのズレの原因が個人ではなく、集団に帰属され、さらにそのズレは異なる基準から生み出されるものとして見えてきた時、その基準を共有する異文化集団が、自文化集団との対で立ち現われると考えられました。しかしそこでの集団は単に自分が体験した個別のズレから漠然と感じ取られた人々のつながりであり、明確に区別された集団から帰納したものではありませんでした。

ここまでの議論で、文化やそれを生み出すものとして想定された文化集団は、個の主観を超えて物理的な実体のように存在するものではなく、自他が関係を取り結ぶ時、その行為を成り立たせる一要素としてそのつど現われるものであり、なおかつそれは個を超えて自他に共有され、自己を規定するものとして現われるという意味で客観的な存在と言えると考えられました。主体がそのような構造の中で社会的に行為することで、文化集団というものがある種の主体であるかのように現実に機能することになり、虚構の文化集団が実体化すると考えられます。これ以降では以上の議論を拡張された媒介構造（ＥＭＳ）という概念で説明し直しました。

第6章ではＥＭＳの説明が行われました。人と人とが記号的な対象（言葉でも物でも）をやりとりし、その相互作用が何らかの規範的な要素（規範的媒介項）に媒介されることで調整される、という形で人の社会的なやりとりが成立していると考えられ、その関係がピラミッド型のＥＭＳとしてモデル化され、会話による意味の交換や経済における資源の交換など、人間社会に固有な行為を可能にする基本的な心理的構造の単位と考えられました。

第7章では集団が実体として現われる仕組みをEMSで説明しました。EMSは主体間の相互作用を安定させる調整的な関係として常に揺れ動きつつ生成し続けますが、そこでお互いの関係を安定化させるために主体が立ち上げていく規範的媒介項が、今度は逆に主体を規定する外部の主体のように現われてきます。主体が二重性を持って現れるという現象がその展開の基盤となり、そして規範的媒介項を生み出す主体として、集団が客観的な存在として立ち現われてくることになります。

第8章では集団が文化集団として実体化する過程をEMSで説明しました。人間のつながりはEMSが水平方向につながったり、垂直方向につみあがったりすることで生み出されていきます。そして規範的媒介項の共有関係から境界性を持った集団も立ち現われてきます。この規範的媒介項は人の実践構造を対象化する時に意識化されてきますが、それが明確に生じるのは相互作用に不全が起こった場合です。そのうち、その不全の原因を個人の逸脱として処理できず、規範的媒介項のズレに帰属される場合が出てきます。そこで異質な規範的媒介項を抱える異質な集団が対象化され、文化集団として立ち現われてきます。EMSのつながりは、このような契機で文化集団として機能的に実体化していくことになります。

そして本章第9章では、文化研究自体がそのようなEMSの生成過程として成立することを説明しました。そこでは文化はその集団を特徴づける規範的媒介項の性質によって理解されることになります。その過程は文化それ自体の存在性格から、研究者自身の生活実践者としての文化性を基盤に、対話的な実践としてのみ成立するのだと考えられました。文化理解はその中で「客観的な文化の解明」ではなく、文化現象をめぐる相互の共通理解を生成し、お互いの規範的媒介項を相互に対象化しつつ、研究者間で新たなEMSを成立させていく、終わりのない対話実践過程として意味づけられることになります。文化研究はその対話実践を通して人々に新たな対話の可能性を提供する、触媒としての働きを持つことになります。文化はそこでコミュニケーション実践を可能にする共同性のあり方として、私たちの前に動的に立ち現われることになります。

「文化とは何か」という問いに対する、これが私たちの現時点での答えということになります。

【コラム6】文化が個人に先立つものとして現われる理由

文化を特定の個人に帰属させることは不可能です。個人に帰属させてしまえば、それはその個性の問題になり、文化ではなくなります。文化は個人を超えて存在していると見なされるから、文化として扱われるわけです。

ところが本書で論じてきたように、文化を個人の外部に成立する物理的実体のように考えることもできません。個人抜きの文化は存在し得ません。個人によって支えられ、あるいは変容し続けるのが文化です。その一見矛盾するような性格がなぜ生まれるのか、ここでは「文化集団の機能的実体化」という考え方で説明をしてきました。それは社会的実践を機能化させるために、そのつど実体化して現われるものと考えられたわけです。

しかし次の疑問が残るかもしれません。すなわち、文化が個人を超えるものとして現われるのはなぜなのか、という疑問です。たとえば日本文化というものを考えたとして、それは自分が異文化社会を体験すると、非常にリアルなものとして立ち現われてくることがあります。そしてそれは自分が生み出したものではなく、連綿として人々が生み出し、引き継いできた何かとして、私に先立つものとして感じられることになります。

その仕組みをＥＭＳで説明すると、以下のようになります。

私たちは他者と相互作用する時、お互いの意図を調節し、それがスムーズにいくように工夫し続けます。そこにそのつどＥＭＳが生み出されていきます。

ところで私たちが「すでにある」集団・組織の中に「後から参入する」という場合、私たちはその新しい集団のしきたりを身に着けようとするわけですが、それは具体的にはその集団・組織の活動を構成している人々と、個別にＥＭＳを形成する努力をする、という形で成り立ちます。「新参者」は「古参者」に合わせる形で、自分のＥＭＳ生成を調整し続けるわけです。

このプロセスは当然「古参者」の方が規範的媒介項の位置を占めますから、「新参者」は「古参者」が「あらかじめ持っている規範的媒介項に自己を一方的に合わせる」過程として意識されますが、実際には「古参者たち」もそれぞれが自己の経験の中で自分なりの工夫でその規範的媒介項を個性的に形成してきており、固定的で完全に同一の規範的媒介項が人々に共有されているわけではありません。バフチンの言葉を援用すれば、「古参者」もそのさらに先輩の規範的媒介項＝「声」を剽窃（appropriate）する形で、自らのＥＭＳを生成してきたのです。

しかも「古参者」も相互作用の中では多かれ少なかれ「新参者」の個性に合わせつつ、自らのＥＭＳを調整しながら再生産していくよりなく、そのような形で「新参者」の「参入」過程は実際は「新参者」と「古参者」の間のＥＭＳの相互調整過程として進行します。その限りで、ＥＭＳは常にそのつど、個々の状況に合わせて立ち上がり、実体化されていることになります。

しかしこの過程を「新参者」の視点から見た時、自分は「古参者」に合わせなければならないのだという構えになりますし、そしてその「古参者」が持つ規範的媒介項は、その「古参者」個人のものではなく、その背後に存在する集団・組織という主体が持つ単一の実体として感じ取られます。「古参者」にしても、自分の生成する規範的媒介項は自分個人の所有物ではなく、外部から要請されて取り入れたものと感じていますから、「新参者」「古参者」の両者が「自分たちの外部にある規範を取り込むのだ」という構えで向き合うことになります。

この時、その規範的媒介項が両者の外部に確固として存在している実体的なものとして、その両者に先立つ存在として立ち現われてくるわけです。文化や歴史というものが自らに先立つ実体のように立ち現われる仕組みは、いずれもこのようなものと考えることができます。しかし実際にはそのつどの相互調整の中で立ち現われるのですから、当然その内容は徐々に変化し、またそれぞれの主体や状況に応じて個性的な色合いが加わっていくことになるわけです。

このような過程は、教育という場面でも全く同様に成立していると解釈することが可能です。子どもが新しい知識や考え方を教育の中で身に着ける場合、彼らはそれを自分の中で発明するのではなく、教師からそれを受け取るようなイメージでとらえています。しかし実際に起こっていることは、自分の中の理解の仕方（EMS）を教師との関係で調整し、相互に了解が成り立つような相互作用が成立する新たなEMSを模索するというプロセスです。

文化が外在的なものとして立ち現われるのも、ほぼ同様に説明が可能になります。実際にはそれは個別の相互作用の中にしか立ち現われないのですが、しかしたとえば自分がその場にいなくても、他の誰かが同質の相互作用を立ち上げ続けていると感じられる時、それは自己を超えて私の外部に存在するものと意識されます。この関係理解が一般化すれば、個別のどの主観にも依存しない形で、あたかもそれが一切の主体の外部に客観的に存在するかのような見え方をしてくることになります。疎外態のひとつとも言えるでしょう。

おわりに

人は人の中でしか個人になれない、という単純な「事実」にこだわって、私はこれまでずっと人間というものを考えてきました。私が私であるのは、他者との対においてでしかなく、私が私であることを支えられるのも、それが脅かされるのも、他者との関わりの中でしかないのです。

その関わりに苦しむ中で、私を他者から切り離し、「私だけの世界」を作り上げ、そこで安定しようとする場合や、そういう生き方を追求する方たちもいます。けれどもそこでも、内なる他者としての自己との対話的な関係がなくなることがありません。また私の外の世界との間で「私だけの世界」に生きる姿勢を貫こうとすると、また問題が生じ、その「私だけの世界」が脅かされていきます。

現実の人との関わりに絶望した方の中には、神のような存在に救われる場合もあるでしょう。私だけの世界に現われる神であれば、私を裏切ることはないかもしれません。その場合も、神という一種の他者との関係で私が支えられているという形は共有されているように思います。

具体的な人であれ、外部の人であれ、内なる他者＝自己であれ、人を超えた存在である神であれ、私たちはやはり、私を超えた他者との関わりの中で自分を支え、自分を作り、生きるというあり方しかできないわけです。孤独も関係の中の出来事です。

多様な人々の中で生き、変化し続ける状況の中で揺れ動きながら私とは異質な他者と関わり続ける以上、そこにさまざまな葛藤が起こるのは必然とも言える展開です。共生は「お互いになかよくしましょうね」ということだけでは成り立たないのです。それは次々に生み出される葛藤に向き合って、対立を含みながらなおお互いに依存する関係を持ち、共に生きていく過程以外ではないのだろうと思います。北京師範大学の教育学者姜英敏さんは、そのような他者のあり方を「異己」という概念で表現されています。大事な視点と思えるので、ここで少しご紹介します（山本・姜 2011）。

これは姜英敏さんが日中韓を結んで行ってこられた国際理解教育の実践的模索の中でたどり着いた概念で、その言葉は後漢書朱儁伝の「卓雖惡俊異己、然貪其名重、乃表遷太僕、以為己副。（董卓は厳しい異己を憎（悪）みつつも、その名声を利用しようとし、皇帝に表して（朱儁を）太僕に任じ、己の副官となそうとした）」から取られています。著しく異質な相手を憎みつつも、その人とつながりながらしか生きる道が模索できない。韓国の「恨《ハン》」の概念にも深いところでつながりを持つように思えるこの概念は、日本の国際理解教育の研究者とも響きあい、新たな異文化理解教育のカリキュラム作成を視野に、実践的な教育研究（日本国際理解教育学会国際委員会『「異己」との共生』プロジェクト）が現在進行中です。

その、異己との葛藤を抱えながらなお共に生きる形が文化です。

「心とは何か」という問題同様、「文化とは何か」という問題は、人を考えるうえで根源的な問題のひとつだろうと思います。そして「文化とは何か」という問題は「心とは何か」という問題と、それからもうひとつの根源的なこと、すなわち「社会とは何か」という問題の狭間にあるものでもあります。

これらの問題には、精神と物質の二元論、個と社会の二元論、虚構と実体の二元論、主観と客観の二元論など、近代のアポリアを象徴するような要素がすべて絡んできて、その二元論にからめとられた者をどうにも処理しきれない矛盾の中に引き込んでいます。私には文化に関わる混乱したさまざまな議論は、結局この二元論のアポリアに帰着するように見えてなりません。

ですから「文化とは何か」を考える時にも、本書の中でいたるところにその問題に触れられているように、どうしてもこの問題への眼差しを捨てることはできませんでした。

文化の心理学に関わる北山忍さんの書かれたもの（北山 1997；1998；2010）を見ても、ワーチの議論（Wertsch 1991／2004, 1998／2002）を読んでも、箕浦康子さんのお話（箕浦 1997, 2007, 2009）を伺っていても、何か原理的な問題に立ち入って次を模索されている方たちは、いずれもこの問題に多少なりとも目を向けずにはおれないのを感じさせられました。北山さんが西田幾多郎（1911）に言及し、箕浦さんが廣松渉（1972）を持ち出すのも、「近代のアポリアを超える」ことの必要性から考えれば、ごく自然な流れとして理解しやすいことです。

私自身は本書をお読みいただければ明らかなように、とてもではないが哲学的な厳密さを持って、この問題を解いていく能力はありませんし、そういうことが可能な人間であるという幻想を自分に対して抱いたこともありません。ただ私には「ここに大事な問題がある」という感覚と、「いろいろな立場から、この問題にみんなでアプローチしていくことがどうしても必要だ」という思い、そして個人的な具体的体験から問題をしつこく考えようとする姿勢があるだけです。本書でも、全く未熟ながらその模索を心がけました。

本書執筆の経緯について少し書かせていただきます。

今年になって私たちは文化を研究するとは何をすることか、ということについて検討するための小さな研究会「文化理解の方法論研究会（MC研）」を立ち上げました。日本・中国・韓国の文化背景を持つ皆さんで構成しています。そのひとつのきっかけは、文化関連の心理学の英語雑誌に投稿された最近の理論論文を査読したことでした。文化心理学の立場からの理論的問題に関する最新の論文でしたが、それを読んで、改めて「ああ、やはり未だに一番大事な問題について、ちゃんとした議論ができていないんだなあ」としみじみと思ったのです。

私たちはこれまで、お小遣い現象に関する日中韓越の国際共同研究や、異文化間相互理解のための日中・日韓を結んだ共同授業実践などを行ってきましたが、その中で従来の文化関連研究とは異なる視点からのアプローチを模索し続けてきました。その特徴を一言で言えば、「お互いにどうしても理解し得ない者同士が、それでもどうやって理解への過程を作っていけるのか」ということへのこだわりかもしれません。理解はそこでは「達成されるもの」ではなく、「コミュニケーションの持続」という永遠の動的過程です。「共に生きる形」を意識的に追究する、文化的な実践としての研究とも言えるでしょう。

私たちにはとても大事に思えるその問題が、現状の文化研究では十分に扱えていないし、なかなかまともな議論の俎上にも乗ってきていないことを感じたのです。だから、今は未熟なものであったとしても、まずは「ここにこういう大事な問題があるのでは」ということを提起して、多くの方たちにも一緒に考えてもらう必要性を感じたのでした。

そして問題意識を共有する渡辺忠温さんと一緒に何人かの方に声をかけ、研究会を立ち上げて議論し、そこから順次問題提起をしていこうということになりました。本書は今年5月のその研究会の第一回に、私が発表させていただいた議論をまとめ、少し内容を加えたものです。

全く未熟で不完全なものでありながら、それでもこの段階でいったん本として形にすべきではないかと思えたのは、文化心理学の代表的な理論家の一人であるヴァルシナーさんが、北京での国際心理学会で、私たちの実証的および理論的研究を聞いて、文化心理学と比較文化心理学の両方の限界を超える視点を持つものと理解してくださり、我が意を得た気持ちになったことがひとつの背景にあります。その後も一貫して私たちの研究動向に関心を寄せてくださっていて、励まされる思いです。

また私が本書の内容に関連して『質的心理学研究』に書いた論文「文化の本質的な曖昧さと実体性について――差の文化心理学の視点から文化を規定する」を読んでくださった文化心理学の若手研究者、田島充士さんが、この議論でそれまでご自分が疑問に思って考え続けてきた個と集団の問題にひとつの回答が得られ、周囲の方も面白がられていると教えてくださったことが直接のきっかけになっています。おそらく多くの方が今、私と同じような質の問題につきあたり、似たような悩みを抱えられているのだろうと想像するのですが、そのことについて、たとえ未熟ではあってもひとつの手掛かりを提供することで、そこから次の議論が皆さんの中で展開するきっかけとなるのであれば、この時点で出版することは必要なことだろうという思いになったのでした。

その出版への気持ちを受け止めて形にしてくださったのは、もうずいぶん以前から声をかけていただいていた新曜社の塩浦暲さんでした。文化に関する本を出し続けて来られた新曜社さんが、本書を快くお引き受けくださったことに、心から感謝します。

最後にお礼の言葉です。

本書にはこれまでお世話になったほんとうに多くの方たちの声が響いています。バフチン風に言えば、その方たちの声を私が剽窃してそこに自分の声を乗せて組み合わせているとも言えます。それが変な声になってしまっていることを懼れつつ、記して感謝します。

日本近代史の小路田泰直さんから個人的に聞いた「社会の中心は複素数のようなもの」という発想は、機能的実体化の視点に結びついています。発達心理学の麻生武さんが私に力説された「私が見ているものは他者も見ているという暗黙の了解を人が持っていることが人間精神の重要なポイントで、ピアジェはこの問題を扱えない」という指摘が、行為を間主観的な意味づけで考える議論に結びつきました。供述心理学や発達心理学の浜田寿美男さんが自閉症の問題や虚偽自白問題への取り組みの中で人の精神の受動性を重視されたこと（浜田 2009）が、他者に媒介された主体の行動という視点につながってＥＭＳに組み込まれました。供述分析やディスコミュニケーション研究などをご一緒した高木光太郎さんの、相互に異質性を持った個の相互作用から生成を考える視点に触発されて、個の見えから動的に文化を考える基本的な枠組みが作られました。そういった皆さんとの具体的対話の中から生成してきた私の規範的媒介項が、本書に深く息づいています。

日本中国韓国ベトナムの共同研究者の皆さんとの議論は、言うまでもなく本書の議論を整理していくうえで一番重要な場になりました。ＥＭＳのモデルを初めて図式化したのも、この共同研究で２００６年にオーストラリアの学会（ISSBD）に行き、事前の打ち合わせに備えてホテルの自室で考えを整理していた時でした。

高橋登さんにはご自身が主に関心を持たれるヴィゴツキー系の議論に留まらず、社会科学的な視点などからも幅広く疑問を投げかけてくださり、混乱する私の議論を整理し、ここまで一緒に作ってきていただきました。高橋さんの忍耐強い問いかけと精力的な研究の推進力がなければ、英語圏で社会文化心理学関連のハンドブックに新しい議論として私たちの論文（Yamamoto & Takahashi 2007; Yamamoto et al. 2012）が掲載されることもなかったと思います。サトウタツヤさんは研究を一緒に楽しませていただいただけでなく、私たちをヴァルシナーさんにつなげてくださり、また心理学史に造詣の深いお二人で心理学史の中で私たちの議論が持つ位置についても刺激的な理解を提供してくださいました。

韓国生まれの呉宣児さんからは文化の研究がいかに研究者個人の文化的な生き方に左右されるものかということ、その自らの文化性を背負って議論することの大切さをいつも情熱的に語られ続け、単なる知的遊戯ではなく、生活の中で問題を考えることとの本質的な重要性をいつも実感させていただきました。竹尾和子さんには集団主義と個人主義の議論などの既存の研究が、自己理解をいかに表面的にしているかを指摘していただき、文化研究がトータルに乗り越えるべき大きな課題を認識させていただきました。

中国朝鮮族の片成男さんは私の初めての比較文化研究から共同で議論をしてきましたが、自己の文化的な視点を相対化し、また人間を両義的に見ること、規範を何らかの基準としてではなく、動的な調整過程として見る視点を学びました。ともすれば一面的になりがちな私の見方に少しでも幅と厚みを加えてくださったのは片さんだと思います。渡辺忠温さんとは、主客問題や個と集団の関係の問題など、原理的な問題についてかなりつっこんだ議論をずっとさせていただきました。自分自身が深刻に考え続けたそれらの問題に真剣なやりとりをさせていただいたことは、私には得難い幸運でした。中国朝鮮族の姜英敏さんとは彼女の大学院生時代からの友人ですが、創氏改名を逃れて韓国から中国に渡った両班一族の末裔として、多文化状況を生き続けてきたその重みから来る深い文化理解と、厳しい状況を生きてきたが故の異文化理解への強い意志に、私の研究もずっと支えられてきました。ありがとうございました。

本書の議論の一貫したスタンスでもありますが、私はここで提案している心理学的見方を、「普遍的な真理」として提起しているつもりはありません。書き上げて改めて穴だらけの議論の未熟さを見せつけられる思いです。とはいえ、私が恐れるのは、その未熟さが顕わになることではなくて、本書が問題提起の力を何も持てないことの方です。

これからの文化研究の大事な役割は、人々に何らかの正解を提供することではなく、新たなコミュニケーション生成のための触媒を提供することだと私は思います。未熟な本書が多少なりともその触媒の機能を持つことを願って、本稿を締めたいと思います。

注

［1］もう20年近く前になりますが、ある東欧の文化心理学者が日本で講演された際、彼のヴィゴツキー系の文化に関する理論的説明を聞いて、「その理論建てで文化差を説明できるのでしょうか」と尋ねたことがあります。彼はちょっとむっとしたように、「そんな理論はどこでも聞いたことがない」と答えました。今もその状況は、基本的なところでは変わることがないように私は感じています。

［2］レヴィ＝ストロースの文化の客観性に関する議論も、基本的に同質の論理立てになっているようです。ただし彼の議論の場合はさらに抽象度が高く、個々の具体的な集団も越えて成立している「構造」を文化の実体とするわけですが、理屈立ては同じに思えます（Lévi-Strauss 1964／2006, 1978／1996）。

［3］このように文化認識が対話的関係の中で「私たち」vs「あなたたち」という対の構造で立ち現われてくることについては、呉宣児さんが特に深く関心を持って分析をされています（呉ほか 2008；呉 2011）。

［4］「盗人にも三分の理」という言葉は屁理屈の意味で否定的に使われることもありますが、そのような基準の相対性への気づきが含まれていると思えます。この基準の相対性の問題をどう処理するかは、多文化共生を考えるうえでの中心問題となります。

［5］ここでは理念的にパターンを分けてみましたが、異質な原理に出会って調整が必要になった時人がどう

振る舞うか、という問題については、さらに科学的認識と日常経験知の葛藤という点からの興味深い実証的分析もあります（田島・茂呂 2006）。そこではバフチン等の視点を取り込みながら、矛盾した原理の一方を絶対化して他方を根拠なく否定する「圧殺」、両方を認めつつ統合はしない「棲み分け」、両者の関係を統合しようとする「調整」の三パターンがデータ分析の中から導き出されており、順に図5-3の「支配・排除」「無視」「調整」によく対応するように思えます。

［6］バフチンの声の概念も、このような表記にはなじむものと思われます。自己の主体性が他者の主体性に重なる形で成立するからです。「他主体に媒介されて（主体媒介的行動）」「対象を媒介として（対象媒介的行動）」働きかける、という、二重の媒介関係の構造化という意味で、私はこれを二重媒介的行動と呼び、三項関係や社会的参照行動に続いて1歳台後半に出現する重要な行動と考えています（山本 1997a）。EMSはこの心理的構造が組みあがることで可能になります。

［7］ここでは詳しく検討できませんが、規範的媒介項の生成過程については、二つの興味深い現象についてさらなる検討が必要と思えます。ひとつは系統発生的に見た時、第三者の調整行動が「上から」ではなく「下から」発生する例の指摘です（山極 2007）。具体的には上位のチンパンジーが対立している時、下位のチンパンジーがじっと見つめることで、両者の対立が収まる事例が挙げられます。ベギングとの関係が興味深いですが、群れ内の地位をめぐって個体間の連合が問題になると、下位個体からの支持の獲得が重要になり、「人気」が問題になるとすれば、下位個体がそれを関係調整の資源として活用するような行動は十分起こり得ますし、人間の選挙時の現象を見てもわかりやすいことです。上位者が規範的媒介項として機能するうえで、下位者の意向を取り込むこの一種の上下関係の逆転現象は、後に述べ

る主体の二重化にも関わってかなり大きな意味を持ち得るように思えます。もうひとつは集合的熱狂状態の発生という現象です。そのような状態では個は集団の中に溶け込んで一体化するという主観的な体験も生まれます。分節的に構造化されない斉一的行動の成立は系統発生的にも個体発生的にも重要な意味を持ちますが、デュルケーム風に言えば集合表象にも関わることでしょうし、集団を実体化するうえでひとつの重要な現象と思えます。

〔8〕ただし、原作（有吉佐和子 1964）ではこの会話はなく、むしろ花は農地解放で家産がなくなった時、嬉しかったと言い、家がなくなったことに「心が隅々まで晴々」したと言います。そして逆に花が体現したその真谷家の執念が華に「どくどくと音をたてて注ぎ込まれるのを感じた」と作者は書きます。形としての旧家が滅びた後、花個人の生き様（規範的媒介項）が孫娘華という個人に受け継がれる。映画での描き方より一段ダイナミックに重層性を持った描かれ方のようにも思えますが、たとえ旧家制度が崩壊しても、花の生き様は華のその後の生き方を左右し（花が華に媒介され）、華を引き継いだつながりを新たな形で生むことでしょう。システムとしての集団と個のＥＭＳの関係を見るようでもあります。

〔9〕明確な境界を持たない多様な主体間のネットワーク状の組織展開については山住勝広さんやエンゲストロームさんたちも中央集権的組織とは異質で現代的なものとして注目し、ノットワーキング（結び目づくり）の実践を模索しています（山住・エンゲストローム 2008; Engeström 2010／2013）。ただし私たちとはモデル構成の視点が異なり、私たちの場合は後述のようにネットワーク状の水平的組織も中央集権的垂直的組織もＥＭＳという同一構造の反復パターンの差として示すことになります。

〔10〕系統発生的には多くの霊長類ではそもそも群れが成立して、他の群れと対立する関係があり、初期の人

類も同様であったと想像されます。そういうケースでは集団間の切れ目は事後的にというより、すでに存在するものがEMSの組みあがりによって再構造化されると言うべきかもしれません。そのことによって集団が新たな単位として機能し始めることになります。

〔11〕このようなつなぎ方は中国の歴史ドラマなどでも印象的な場面に用いられることがあります。三国志の有名な三顧の礼の場面、劉備が諸葛孔明を尋ねて自分の師と仰ぎ、ついに孔明と連れ立って新野の城に戻ろうとするとき、孔明が劉備に先に行くことを勧めて、掌を上にした左手を前方に軽く差し出します。すると劉備はその孔明の前腕を笑顔でつかみ、並び立って共に歩き始めます（高希希　2010　第34話）。仮に日本で同じような場面があったとしたら、肩を抱いて共に歩き出すことは比較的イメージしやすいですし、もし差し出された手を取る場合でも、掌をとる可能性は多少あっても、前腕を持つことは想像しにくいことです。

〔12〕エピソード4では韓国の人たちが驚くほど表現が強いという印象が強調されました。ところがここでは逆に、おだやかさの方が強調されています。同じ民族であるのに、なぜそのような矛盾した印象が立ち上がってくるのでしょうか。この問題もまた文化の本質に関わるものと考えます。つまり、比較対象によって、その差を記述する特徴が変わってしまうのです。文化的特徴の文脈依存的な相対性の問題がそこに現われています。なお、エピソード中のグラフには見出されませんが、日朝の違いとしてはそもそも日本の親子は「手をつながない」ケースがとても多いことがありました。その事例を加えれば日本の比率はさらに減少することになります。逆に韓国ドラマなどを見ていると、恋人の前腕をつかんで引っ張っていくようなシーンにも時々気づき、やはり日本よりは相手への意思表示が明確な印象がありま

す。そこには両方の要素があり、それが対比の文脈によってどちらかがより浮き立つということなのでしょう。

[13] もちろん、たとえばレヴィ＝ストロースの神話研究のように、自分との対比ではなく、他者同士の対比で研究が進展することもあります。文化人類学などではむしろその方が一般的でしょう。けれども、そのような対比のそもそもの出発点には自文化との違いの認識があり、それがさらに拡大していったと考えられます。だからこそ、たとえばレヴィ＝ストロースが野生の思考を自らの文化を含む人類共通に普遍的なものとして考察する可能性も出てくるのではないでしょうか。

[14] 自然観察や参与観察などは、この点で客観的な測定ができないということで、否定的に見られることもありました。現在は観察が重要な研究法として重視されるようになったとはいえ、実証主義的心理学が提起してきた客観性の問題が理論的に整理されてそうなっているのではなく、それが解決されないままに一種の流行のように針が一方から他方へ大きく振れただけのようにも見えます。ここでの議論は、観察の客観性といった原理的な問題を改めて理論的に考える試みでもあります。

[15] このような視点を組み込んだ対話的異文化理解実践の例としては、山本・伊藤 2005; 伊藤・山本 2011; 山本・姜 2011; 山本・姜 2013-; 教育現場での実践記録としては、姜ほか 2009; 石下ほか 2012; 呉ほか 2012; 榊原ほか 2012; 榊原 2012; 釜田・姜 2014; 呉ほか 2014; Sakakibara & Pian 2014; 杨ほか 印刷中などがあります。

著者紹介

山本登志哉（教育学博士）
1959年青森県生まれ。京都大学大学院文学研究科修士課程修了，北京師範大学研究生院博士課程修了。たかはし呉服店社員，奈良女子大学教員，共愛学園前橋国際大学教員，早稲田大学教員，中国政法大学客員教員，同犯罪心理学研究所特聘研究員などを歴任。供述心理学研究所・埼玉 所長。専門は発達心理学・法心理学・文化心理学。
主な業績として「幼児期に於ける『先占の尊重』原則の形成とその機能：所有の個体発生をめぐって」（教育心理学研究 1991．城戸奨励賞受賞）、『生み出された物語：目撃証言・記憶の変容・冤罪に心理学はどこまで迫れるか』（編著，北大路書房，2003）、『アジア映画をアジアの人々と愉しむ：円卓シネマが紡ぎだす新しい対話の世界』（共編著，北大路書房，2005）、Money as a Cultural Tool Mediating Personal Relationships: Child Development of Exchange and Possession.（co-authorship, In Valsiner & Rosa (Eds.) *Cambridge Handbook of Sociocultural Psychology*, Cambridge University Press. 朱智賢心理学賞受賞）、『ディスコミュニケーションの心理学：ズレを生きる私たち』（共編，東京大学出版会，2011）、『子どもとお金：「お小遣い」の文化発達心理学』（共編，東京大学出版会，印刷中）など。

新曜社 文化とは何か、どこにあるのか
対立と共生をめぐる心理学

初版第1刷発行　2015年10月5日

著　者　山本登志哉
発行者　塩浦　暲
発行所　株式会社 新曜社
〒101-0051　東京都千代田区神田神保町3-9
電話（03）3264-4973(代)・Fax（03）3239-2958
E-mail：info@shin-yo-sha.co.jp
URL：http://www.shin-yo-sha.co.jp/
印　刷　メデューム
製　本　イマヰ製本所

ISBN978-4-7885-1447-8　C1011

索　引

■さ行

■ま行

■や行

■ら行

■わ行

文　献

有吉佐和子（1964）『紀ノ川』新潮社

Engeström, Y.（2008）*From Teams to Knots: Activity-theoretical studies of collaboration and learning at work*. Cambridge; New York: Cambridge University Press.〔山住勝広（訳）（2013）『ノットワークする活動理論 ―― チームから結び目へ』新曜社〕

高希希（2010）『三国志 Three Kingdoms』DVD 版, SPO.

Geertz, C.,（1988）*Works And Lives: The anthropologist as author*. Stanford: Stanford University Press.〔森泉弘次（訳）（1996）『文化の読み方／書き方』岩波書店〕

後藤忠政（2011）『憚りながら』宝島社（宝島社文庫）

浜田寿美男（2009）『障害と子どもたちの生きるかたち』岩波書店（岩波現代文庫）

廣松渉（1972）『世界の共同主観的存在構造』勁草書房

伊谷純一郎（1986）『霊長類社会の進化』平凡社

石下景教・水口一久・渡辺忠温・楊傑川（2012）「対話型授業実践による日中集団間異文化理解の試み」『中国語教育学会 10 周年・高等学校中国語教育研究会 30 周年記念合同大会予稿集』39-42.

伊藤哲司・山本登志哉（2011）「日韓　傷ついた関係の修復 ―― 円卓シネマが紡ぎだす新しい対話の世界 2』北大路書房

姜英敏・王燕玲・草野友子（2009）「お返しをめぐる日中共同授業 ―― 価値基準の異なる他者理解の試み」『国際理解教育』Vol.15, 6, 76-85.

釜田聡・姜英敏（2014）「日本・中国『異己』共同授業プロジェクトの概要」『国際理解教育』Vol.20, 96-100.（The Committee for International Activities and Exchange: China-Japan Collaborative Learning Project on 'IKO（Otherness）'）

金谷治（訳注）（1963）『論語』岩波文庫

柏木惠子・北山忍・東洋（編）（1997）『文化心理学 ―― 理論と実証』東京大学出版会

川島武宜（1972）『「法」の社会学理論の基礎づけ』法社会学講座第 4 巻, 岩波書店

北山忍（1997）「文化心理学とは何か」柏木惠子・北山忍・東洋（編）『文化心理学 —— 理論と実証』東京大学出版会．pp.17-43.
北山忍（1998）『自己と感情 —— 文化心理学による問いかけ』共立出版
北山忍（2010）「社会・行動科学のフロンティア —— 新たな開拓史にむけて」石黒広昭・亀田達也（編）『文化と実践 —— 心の本質的社会性を問う』新曜社，pp.199-244.
子どもとお金研究会（2006）「『子どもとお金』アンケート結果報告」（未公刊）
鯨岡峻（1998）『両義性の発達心理学 —— 養育・保育・障害児教育と原初的コミュニケーション』ミネルヴァ書房
Lévi-Strauss, C.（1964）*Le cru et le cuit, mythologiques.* Paris: PLON.〔早水洋太郎（訳）（2006）『神話論理Ⅰ　生のものと火を通したもの』みすず書房〕
Lévi-Strauss, C.（1978）*Myth and meaning: Five talks for radio by Claude Lévi-Strauss.* Toronto: University of Toronto Press.〔大橋保夫（訳）（1996）『神話と意味』みすず書房〕
箕浦康子（1997）「文化心理学における〈意味〉」柏木惠子・北山忍・東洋（編）『文化心理学 —— 理論と実証』東京大学出版会，pp.44-63.
箕浦康子（2007）「マイクロとマクロをどうつなぐか？」発達心理学会第18回大会研究交流委員会企画シンポジウム「多文化共生への道：在日外国人を巡る教育、制度、文化、そして相互理解」（発表資料）
箕浦康子（2009）「本質主義と構築主義 —— バイリンガルのアイデンティティ研究をするために」母語・継承語・バイリンガル教育研究大会発表資料．http://www.mhb.jp/2009MHBMinoura.pdf
溝口雄三（1996）『公私』三省堂
内閣府（2008）「国民生活白書」http://www.caa.go.jp/seikatsu/whitepaper/h20/01_honpen/html/08sh020103.html
中村登（監督）（1966）『紀ノ川』松竹映画
西田幾多郎（1911）『善の研究』弘道館
西田利貞（編）（2001）『ホミニゼーション』京都大学学術出版会
呉宣児（2003）「比較文化 —— 子どもの小遣い、買い物にみる日韓の異なる論理」アエラ編集部（編）『新版・心理学がわかる』朝日新聞社．AERA Mook, No.89, 94-96.
呉宣児（2011）「異文化理解における対の構造のなかでの多声性 —— お小遣いインタビューでみられる揺れと安定を通して」山本登志哉・高木光太郎（編）『ディ

スコミュニケーションの心理学 —— ズレを生きる私たち』東京大学出版会, pp.49-70.
呉宣児・崔順子・山本登志哉（2014）「集団間異文化理解への試み（1）日本と韓国をつなぐ円卓シネマを通して」『共愛学園前橋国際大学論集』*14*, 127-143.
呉宣児・サトウタツヤ・高橋登・山本登志哉・竹尾和子・片成男（2008）「インタビューにおける〈声〉と〈文化〉 —— 『多声性』と『対の構造』に焦点を当てて」『共愛学園前橋国際大学論集』第 8 号, 235-245.
呉宣児・高木光太郎・伊藤哲司・榊原知美・余語琢磨（2012）「対話共同体への参加を通した集団間異文化理解の生成（1）日本・中国・韓国・ベトナムの大学を結ぶ対話型授業実践を通して」『日本発達心理学会第 23 回大会発表論文集』20-21.
Oh, S-A., Pian, C., Yamamoto, T., Takahashi, N., Sato, T., Takeo, K., Choi, S.-j., & Kim, S.-j. (2005) Money and the life worlds of children in Korea-examining the phenomenon of ogori (treating) from cultural psychological perspectives. *Bulletin of Maebashi kyoai Gakuen College, 5*, 73-88.
榊原知美（2012）車内における携帯電話での通話は許されるか？ —— 日中大学生の手紙を用いた対話の試み（シンポジウム「対話共同体への参加を通した集団間異文化理解の生成（1）日本，中国，韓国，ベトナムの大学を結ぶ対話型授業実践を通して」での話題提供）日本発達心理学会第 23 回大会，名古屋.
榊原知美・片成男・高木光太郎（2012）集団間対話を通した異文化理解のプロセス —— 日本・中国の大学間における交流授業の試み. 国際教育評論, *9*, 1-7.
Sakakibara, T. & Pian, C. (2014) Intercultural understanding through dialogue between Japanese and Chinese students. The 4th Congress of the International Society for Cultural and Activity Research, Sydney, Australia.
Sartre, J., P. (1938) *La Nausée*. Paris: Gallimard.〔サルトル, J. P.／鈴木道彦（訳）(2010)『嘔吐［新訳］』人文書院〕
Sorce, J. F., Emde, R. N., Campos, J., & Klinnert, M. D. (1985) Maternal emotional signaling: Its effect on the visual cliff behavior of 1-year-olds. *Developmental Psychology, 21*, 195-200.
田島充士（印刷中）「ヴィゴツキー理論とその展開」『新・発達心理学ハンドブック』福村出版
田島充士・茂呂雄二（2006）「科学的概念と日常経験知間の矛盾を解消するための対話を通した概念理解の検討」『教育心理学研究』*54*（1）, 12-24.

高橋登・山本登志哉（編）（印刷中）『子どもとお金 ―― 「お小遣い」の文化発達心理学』東京大学出版会

Takahashi, N., Yamamoto, T., Takeo, K., Oh, S., Pian, C., Sato, T. (in printing) East Asian children and money as a cultural tool: Dialectically understanding different cultures. *Japanese Psychological Research.*

Vygotsky, L. (1978) *Mind in society: The development of higher psychological process.* Cambridge, Mass.: Harvard University Press.

ヴィゴツキー, L. ／柴田義松・宮坂琇子（訳）(2008)『ヴィゴツキー心理学論集』学文社

Wertsch, J. (1991) *Voices of the mind: A sociocultural approach to mediated action.* Cambridge, Mass.: Harvard University Press.〔田島信元・佐藤公治・茂呂雄二・上村佳世子（訳）(2004)『心の声 ―― 媒介された行為への社会文化的アプローチ』福村出版〕

Wertsch, J. (1998) *Mind as action.* London: Oxford University Press.〔佐藤公治・田島信元・黒須俊夫・石橋由美・上村佳世子（訳）(2002)『行為としての心』北大路書房〕

山田洋子 (1978)「言語発達を準備する一条件としての三項関係の成立 (1) ―― 指さし, Showing, Giving などの出現過程」『日本心理学会第 42 回大会発表論文集』840-841.

山極寿一 (2007)『暴力はどこからきたか ―― 人間性の起源を探る』(NHK ブックス), 日本放送出版協会

山本登志哉 (1991)「幼児期に於ける『先占の尊重』原則の形成とその機能 ―― 所有の個体発生をめぐって」『教育心理学研究』*39* (2), 122-132.

山本登志哉 (1992)「小学生とお小遣い ―― 『お金』『物霊』『僕のもの』」『発達』*13* (51), 68-76. ミネルヴァ書房

山本登志哉 (1997a)「嬰幼児"所有"行為与其認知結構的発達 ―― 日中跨文化比較研究」(博士論文), 北京師範大学研究生院児童心理研究所

山本登志哉 (1997b)「子育ち的子育て論の系譜」『花園大学福祉学部研究紀要』*5*, 93-98.

山本登志哉 (2000a)「群れ始める子どもたち ―― 自律的集団と三極構造」岡本夏木・麻生武（編）『年齢の心理学 ―― 0 歳から 6 歳まで』ミネルヴァ書房, pp.103-142.

山本登志哉 (2000b)「手のつなぎ方に見る親のリーダーシップの文化差 ―― 日

韓朝三民族の比較から」『日本保育学会第53回大会研究論文集』702-703.
山本登志哉（2001）「謝罪の文化論 —— 対話の中のアイデンティティ形成をめざして」『心理学ワールド』*15*, 25-28. 日本心理学会
山本登志哉（2002）「孔子の国の子どもたち　第29回『なんでおごらないの！』」『発達』*23*（91）, 92-93. ミネルヴァ書房
山本登志哉（編）（2003）『生み出された物語 —— 目撃証言・記憶の変容・冤罪に心理学はどこまで迫れるか』（法と心理学会叢書1）, 北大路書房
山本登志哉（2004）「文化の中で子どもが育つということ」無藤隆・麻生武（編）『教育心理学』北大路書房
山本登志哉（2011）「ディスコミュニケーション分析の意味 —— 拡張された媒介構造（EMS）の視点から」山本登志哉・高木光太郎（編）『ディスコミュニケーションの心理学 —— ズレを生きる私たち』東京大学出版会, pp.213-246.
山本登志哉（2013）「文化の本質的な曖昧さと実体性について —— 差の文化心理学の視点から文化を規定する」『質的心理学研究』*12*, 44-63.
山本登志哉（印刷中）「お小遣い研究と差の文化心理学 —— 文化生成の渦中にある文化研究とEMSについて」高橋登・山本登志哉（編）『子どもとお金』東京大学出版会
Yamamoto, T., & Takahashi, N.（2007）Money as a cultural tool mediating personal relationships: Child development of exchange and possession. In J. Valsiner & A. Rosa（Eds.）, *The Cambridge handbook of sociocultural psychology*. New York: Cambridge University Press. pp.508-523.
山本登志哉・伊藤哲司（2005）『アジア映画をアジアの人々と愉しむ —— 円卓シネマが紡ぎだす新しい対話の世界』北大路書房
山本登志哉・姜英敏（2011）「ズレの展開としての文化間対話」山本登志哉・高木光太郎（編）『ディスコミュニケーションの心理学 —— ズレを生きる私たち』東京大学出版会, pp.17-48.
山本登志哉・姜英敏（2013-）「読者参加型共同研究『日本，中国と韓国，何がどう違う？』」Child Research Net http://www.blog.crn.or.jp/lab/08/01/
山本登志哉・高木光太郎（編）（2011）『ディスコミュニケーションの心理学 —— ズレを生きる私たち』東京大学出版会
Yamamoto, T., Takahashi, N., Sato, T., Oh, S., Takeo, K., Pian, C.（2012）How can we understand interactions mediated by money as a cultural tool: From the perspectives of "Cultural Psychology of Difference." In J. Valsiner（Ed.）,

Oxford handbook of culture and psychology. New York: Oxford University Press.
山住勝広・エンゲストローム, Y.（2008）『ノットワーキング —— 結び合う人間活動の創造へ』新曜社
杨杰川・渡边忠温・石下景教・水口一久（印刷中）「基于对话式的跨文化教育实践 —— 以中日高中生“集团间”的文化理解为例」姜英敏（編）『国际理解教育的理论与实践』山西教育出版社